2019 年度浙江省社科联社科普及课题（课题编号 19ZC16）

乡村振兴背景下农村电商发展研究

徐　峰◎著

中国原子能出版社
China Atomic Energy Press

图书在版编目（CIP）数据

乡村振兴背景下农村电商发展研究 / 徐峰著 . –– 北京：
中国原子能出版社 , 2021.8

ISBN 978-7-5221-1507-8

Ⅰ . ①乡… Ⅱ . ①徐… Ⅲ . ①农村 – 电子商务 – 研究 – 中国
Ⅳ . ① F724.6

中国版本图书馆 CIP 数据核字 (2021) 第 161794 号

内容简介

本书以重塑乡村、振兴乡村视角下的农村电商作为研究主题，不仅对当前的农村电商进行了剖析，更重要的是对如何在农村从事电商创业进行了深入的分析，也从如何选择平台、如何把自己的产品放到各大电商平台，如何应用互联网自建渠道来销售自己的产品，如何搭建服务体系、如何运营等方面为农村电商相关人士提供了详尽的指导方案。本书追求的是基于"知识实用、通俗易懂、快速掌握"的原则，针对广大农民、乡村干部和村官打造一本通俗易懂、接受度高，既有理论又有实践，理论够用，实践为主的知行合一的著作。

乡村振兴背景下农村电商发展研究

出版发行	中国原子能出版社（北京市海淀区阜成路 43 号　100048）
责任编辑	蒋焱兰　刘　佳
装帧设计	阅平方（河北）文化传播有限公司
责任印刷	赵　明
印　　刷	定州启航印刷有限公司
开　　本	710mm×1000mm　1/16
印　　张	13.75
字　　数	200 千字
版　　次	2021 年 8 月第 1 版　　2021 年 8 月第 1 次印刷
书　　号	ISBN 978-7-5221-1507-8
定　　价	60.00 元

前　言

习近平总书记在党的十九大报告中明确提出实施乡村振兴战略，同时在中央农村工作会议上深刻阐述了什么是中国特色社会主义乡村振兴之路、怎样走好中国特色社会主义乡村振兴之路。重塑乡村，发展农业农村现代化，成为当代中国发展中的一个重大命题，也开启了中国今后发展影响深远的大战略，在这样的战略指引下，如何实施乡村振兴，如何促进我国农业农村现代化是当前理论研究的热点与重点。自 2013 年以来，中央一号文件一直关注加快农业现代化，从 2014 年开始强调改革创新，并逐步加大力度，以新理念带动新发展。作为农村创新发展的重要新生事物，互联网为现代农业、农村发展赋予了新动能。以电子商务为代表的新科技、新理念成为引领农业产业链延伸的重要抓手。农村电商已经连续五年得到了中央一号文件的关注。2017 年中央一号文件中农村电商的分量进一步加大，首次单列"推进农村电商"小标题，更加重视线上线下融合、农产品上行、农村物流和农村电商生态体系建设。2018年中央一号文件《中共中央国务院关于实施乡村振兴战略的意见》中提出"大力建设具有广泛性的促进农村电子商务发展的基础设施，鼓励支持各类市场主体创新发展基于互联网的新型农业产业模式，深入实施电子商务进农村综合示范，加快推进农村流通现代化"，进一步为我国乡村电商发展指明了方向。

在未来国家现代化进程中真正做到乡村振兴，必须以改革创新的思路，清除阻碍农业农村优先发展和城乡融合发展的体制机制障碍，激发农村各类资源要素的潜能和各类主体的活力，不断为农业农村发展注入新动能。在互联网时代，将村庄建设与农村电商这两股力量合流，乡村电商已成为农村商贸的重要渠道，通过发展电子商务，倒逼产业链形成，搭建产业平台让年轻人回乡，使其"有事可做、有业可就、有业可创"，是促进乡村振兴的重要力量。如何通过电商＋一二三产融合、"农旅、商旅、文旅"三旅结合，打通乡建与电商之间的链接，从而构建乡村重建的系统工程，通过电子商务让乡村的产业重塑、产业复兴是本书研究的重点。

本书也是 2019 年度浙江省社科联社科普及课题 (课题编号 19ZC16) 研究成果，本书主要从理论、政策和实践三个层面，以重塑乡村、振兴乡村视角下的农村电商作为研究主题，全面系统地分析乡村产业发展及融合互联网的现状、困境和难点，提供代表性强、针对性强、操作性强的融合互联网发展路径，分别从农村电商发展趋势、国家相关政策、县域电商、农村电商生态体系建设、线上线下融合、农产品上行与农村电商下行、电商＋一二三产融合、电商＋农旅、电商＋扶贫、电商下乡和相关案例等方向进行系统、全面地分析研究，从如何做好农村电商这个角度入手，详细解答了农村电商是什么，农村电商的新机遇在哪里，以及如何在农村进行农村电商人才培训、农村电商产业园打造、农村电商资源配置、农村电商创业等问题。

本书在编写过程中，借鉴和参考了大量国内外的相关书籍和论文，对于相关的作者也一并表示感谢。受专业水平和实践经验所限，书中不妥之处和错误之处在所难免，恳请专家、学者和同仁批评指正。

徐峰

2021 年 5 月

目 录

第一篇 理论篇 ……………………………………………………… 1

第二篇 政策篇 ……………………………………………………… 37

第三篇 县域篇 ……………………………………………………… 61

第四篇 扶贫篇 ……………………………………………………… 91

第五篇 旅游篇 ……………………………………………………… 106

第六篇 实践篇 ……………………………………………………… 114

第七篇 案例篇 ……………………………………………………… 194

参考文献 …………………………………………………………… 213

第一篇　理论篇

一、互联网和"互联网+"农村

互联网又称 Internet，始于 1969 年的美国，是全球性的网络，是一种公用信息的载体，是大众传媒的一种。互联网包括广域网、城域网和局域网。互联网的原型是美国的阿帕网，将计算机通过使用公共语言互相连接在一起，同时在这基础上进一步发展成覆盖全世界的全球性网络。如果你的计算机想连入互联网，意味着你的计算机需要连接到互联网的一个节点上，这样你的计算机就连入了网络。互联网发展到现在，其用户已经遍及全世界，全球互联网用户总数到 2018 年已经达到 38 亿，全球互联网用户渗透率已经超过 50%。中国的互联网是全世界网民最多，覆盖区域最广，网速较快的网络。截止到 2018 年，中国的网民达到 8 亿人，占到全球网络用户总数的 21%。

互联网不仅仅可以实现全世界每台计算机的网络通信，同时在每个用户访问互联网的时候，还可以提供非常友好的界面，便于人们访问。互联网的用户类别非常广泛，不仅仅被计算机专业人员、科学家等专业人士使用，同时也被广大的非技术、非专业领域人们使用。互联网已经进入了千家万户，人们也离不开互联网。互联网不仅仅成为专业技术、专业领域的使用工具，更是人们娱乐、消遣和交流的平台，互联网彻底改变了人们的生活方式和生活习惯。互联网改变了世界。

（一）互联网的工作原理

互联网是基于共同认定的标准和协议，在共同的协议中实现相互信息资源的交流，它是信息资源的汇总。互联网由许多个小的子网互联而成，每个子网中又连接若干台终端，终端可以是计算机也可以是手机，通过网络设备连接和组网。在 Internet 网络里，通过数据传输目的地址和保证数据迅速可靠传输的措施来实现网络的计算机之间传输数据。数据在网络媒介的传输过程中由于存在传输距离和传输丢失等原因造成数据传输的失真和丢失，因此数据在互联网上的传输需要制定一个标准，即计算机传输的协议，在遵守协议的基础上保证数据传输的规范和安全，这种协议包括传输控制协议，即 TCP 协议和网间协议，即 IP 协议。

TCP/IP 协议包括两个部分协议，分别是 TCP 协议和 IP 协议，两个协议是一个组成部分，往往整体使用，是一种最底层的协议，使用的通信标准为分组交换。分组交换，即在互联网传输过程中，将数据按照一定的标准分成若干段，即为若干个数据包，一个数据包为一个数据段，因此，TCP/IP 协议标准传输的基本单位就是数据包。具体 TCP/IP 协议在传输数据过程中的功能如下。

（1）按照 TCP 协议的标准将传输的数据分成若干标有序号的数据包，通过序号设置对应的数据包，便于数据传输到接收端后能将数据还原成最原始的格式，防止数据包混乱和丢失。

（2）IP 协议按照协议标准，在每个发送的数据包中按照规范和标准，正确地标注数据包对方接收的主机地址，即为目标地址和发送的主机地址，即为源地址，也就是按照 IP 协议明确源地址和目的地址。有了目标地址和源地址，在互联网传输的数据就一对一开展传输，保证传输路径的正确性和唯一性，同时利用 IP 协议所特有的算法给传输的数据包在保证传输目标地址正确的同时选择一个最佳的路由路径。

（3）数据包在互联网的物理网上传送，因为传输的源地址和目标地址的不同，传输的路径有多样的选择，因此数据在传输的过程中，因为路径的不同，距离的不同，造成数据包传输的速度也不同，从而造成接收到的数据重复、丢失或者失真。因此 TCP 协议还具有另一个功能，就是检查和处理数据错误的功能。

（二）互联网的产生和发展

20世纪60年代，美国国防部建立阿帕网ARPANet，由美国国内的大学和一些公司的经费赞助，开始了互联网雏形的研究。

1969年，ARPANet正式投入运营，连接了近四百台计算机组成了一个内部的实验性网络，ARPANet网络使用的用户受限，主要用于内部的研究，主要的使用者包括美国的政府部门、研究机构和高校。

20世纪80年代，ARPANet在原有的基础上，实现功能扩展，将ARPANet分为两个部门，一个是ARPANet网络，一个是MilNet网络，MilNet主要用于军事部门，ARPANet和MilNet两个网络之间可以进行通信和资源共享，其中ARPANet就是互联网的前身。

1986年，美国国家科学基金会建立了独立的计算机网络NSFNet。同时将NSFNet根据区域进行划分，主要为计算机广域网，同时和超级计算机进行连接，大大提高了主干网的网络速度，连接的用户比ARPANet更为广泛，NSFNet逐渐取代了ARPANet。

随着NSFNet的发展，其开放的力度也越来越大，NSFNet网络节点数和用户数迅猛增长。同时，世界上的许多国家纷纷接入到互联网，1992年，互联网上的主机超过100万台。而互联网主干网络的速率在1993年也提升到45 Mbps，到1996年网络速率提升为155 Mbps。到2000年，互联网上注册的主机已超过1000万台。

在20世纪90年代，欧洲原子核研究所组织开发了万维网（WWW），万维网自问世以来，被广泛使用在互联网上，万维网极大地方便了广大非工程人员、非科研人员对网络的使用，万维网友好的用户界面，让互联网的用户成指数级增长。

中国从1994年开始正式接入互联网，1995年成立了搜狐网站，实现了互联网的商用，1997年成立了网易门户网站，1998年成立了腾讯公司，1999年成立了阿里巴巴公司，虽然中国的互联网相对于美国而言，起步晚、基础弱、技术储备不足，等等，但发展速度快，经过短短 10 多年的发展，中国成了互联网的超级大国，无论是网民数量，还是商用发展，都成了世界第一。互联网的功能不断扩张，我国的经济发展、社会治理都随着互联网的发展而彻底改变，中国人充分享受到了互联网快速发展的红利，中国的网民从 1995 年不足万人发展到 2020 年的 10 亿人，成千上万的人每天都在争先恐后地涌向互联网，互联网彻底改变了人们的生活和工作方式。

（三）互联网的功能及应用

互联网上有丰富的信息资源，互联网上的计算机储存的信息汇聚成了信息资源的海洋。有提供给科研人员、工程师等专业技术人员使用的关于科学技术的各种专业信息，也有用于大众日常办公、交流、通信或与生活紧密相关的各类信息；有文字信息、文档、表格、图形，也有视频、声频等，涉及几乎所有媒体载体。随着互联网网络速率的爆发式提升，互联网上共享的资源爆发式的增长，互联网娱乐、沟通功能的完善，人们越来越离不了互联网了。互联网成了一个取之不尽、用之不竭的大宝库。当你接入互联网后就可以随意地使用网络上无穷无尽的资源，享受互联网提供给我们的各种各样的服务。

（四）"互联网 +"

"互联网 +"是互联网思维的爆发式延伸，"互联网 +"就是整合各行各业，通过"互联网 +"彻底地颠覆和改革各行各业，它不是简单的叠加，是一种重塑，更是一种革命。通过成熟的互联网和高速的网络，让互联网与各行各业进行深度融合，通过融合促进传统行业的创新，将互联网的成果运用到经济发展和社会生活，从而不断发展经济发展的新形态和行业发展的新业态。

"互联网 +"的主要特征为：

（1）全面融合。"互联网 +"就是融合，就是开放和重塑，更是全面的跨界融合。

（2）创新驱动。"互联网 +"改变了中国传统的粗放式的增长方式，通过"互联网 +"颠覆原有的业态和模式，通过"+"的叠加和革命来改变各个行业和模式的创新，发挥远远大于"1+1"创新力量。

（3）颠覆重塑。不破不立，"互联网+"充分利用全球化、跨时空化以及高速发展的硬件打破原有的社会形态、生活方式、经济方式以及文化结构。

（五）"互联网+农业"

2016年，中央一号文件明确提出，必须借助"互联网+"推动中国农村的发展和农业产业链的变革，全力推进"互联网+"农业的发展，依托"互联网+"实现农村产业的振兴。2017年，中央一号文件对农村电商发展的要求进一步加大，单列"推进农村电商"，明确农村电商发展的路径、方向和重点，要求构建完整的农村电子商务生态体系、农村产业链、农村电子商务的物流体系和服务体系，重点发展线上线下融合、工业品下行、农产品上行等内容。2018年，中央一号文件在农村电子商务基础设施的建设上提出了明确的要求，同时鼓励更多的电子商务商业主体快速发展，并开展电子商务进农村综合示范。

互联网代表着各行各业的发展方向，更是现代农业发展的新趋势。"互联网+农业"将互联网和生产方式、产业模式与经营手段进行深度融合，为农业现代化发展提供了新方向和新动力。"互联网+农业"不仅有助于发展智慧农业和精细农业，更有助于提高农业质量效益和竞争力，通过"互联网+农业"革新农村产业的生产、加工和销售方式，通过"互联网+农业"反哺农村产业，利用互联网技术手段实现专业分工和资源配置，全面实现由传统农业向现代农业转型，通过互联网的新理念带动农村的新发展。作为农村创新发展的重要新生事物，互联网为现代农业、农村发展赋予了新动能。以电子商务为代表的新科技、新业态、新商业模式、新理念成为引领农业产业链延伸的重要手段。

在互联网时代，将村庄建设与农村电商这两股力量合流，乡村电商已成为农村商贸的重要渠道，通过发展电子商务，倒逼农村新的治理方式和农村产业链的革新，通过电子商务孕育更多的创业和就业机会，吸引更多的新农人回归农村，开创事业，这也为促进乡村振兴提供了保证。通过电商+一二三产融合、"农旅、商旅、文旅"三旅结合，打通乡建与电商之间的链接，从而构造乡村重建的系统工程，通过电子商务让乡村的产业重塑、产业复兴。

二、电子商务的概念和特点

电子商务是指面向全球化的跨越时空、跨越地域的基于互联网的新的商业贸易模式，在高速发展的互联网、物联网技术和安全技术的背景下，基于浏览器/服务器（B/C）的应用方式，交易各方通过互联网进行各种商贸活动，在安全保护的前提下实现网络购物、网络销售、网络支付等各种商业交易活动和信息交互、资金流动和物流服务等综合服务活动，是一种更为便捷、更为新型和更为安全的新商业运营模式。

电子商务整个系统的组成部分主要包括：

（1）消费者（用户），使用电子商务方式进行商品和服务消费的组织、个人或潜在的组织、个人。

（2）经营者（商家），使用电子商务方式进行商品和服务销售的企业和个人。

（3）认证机构，认证机构是负责利用电子商务方式开展交易的双方网上信息的认证，包括双方网上身份证书的认证、颁发和管理，通过信息认证来保障基于互联网的电子商务交易双方信息的真实性和正确性，以保障交易的正常开展，因此认证机构是不以盈利为目的，体现公平性、公正性的第三方服务性的非盈利机构，也是电子商务系统中必不可少的重要机构。

（4）支付中心（支付机构），支付中心和认证机构一样，也是属于第三方的服务机构，服务的主要内容包括实现电子商务交易双方资金的往来和支付。

（5）物流配送中心，物流配送中心的主要作用就是实现交易商品的物流运输，从经营者中承接交易的商品，进行商品的集聚和发送，快速、便捷地将交易的商品安全地运送到消费者手中，同时，严格对商品进行安全的保障和跟踪，让消费者和商家可以即时和动态地监管商品的流向。

（6）电子商务服务机构，电子商务服务机构的主要作用是为从事电子商务交易的双方提供专业的电子商务服务，承担商家外包的相关服务，重点包括应用服务和内容服务。

电子商务是一种内容丰富的经济活动。交易主体以互联网为工具，通过基于多方交互协作的多环节、多步骤的复杂过程实现交换的目的。我们可从交易主体、商品形态和所使用的网络类型等不同角度对电子商务进行分类。按参与交易的主体分类是一种人们最为熟知的分类方法，以此为划分依据，电子商务可分为 B2C、B2B、C2C、B2G、C2G 五种基本类型。

（1）企业与消费者之间的电子商务（Business to Consumer，B2C）。这类电子商务主要是通过 Internet 开展的在线零售活动，企业（商家）通过互联网直接向消费者销售商品或提供服务，两者以网络为载体进行电子化的交易。如天猫商城、亚马逊、当当、卓越等企业在互联网上建立网站形式的网上商店，利用 Internet 的双向交流通信功能，支持消费者进行网上购物。B2C 电商模式解决了中间商的问题，也解决了交易时间和交易空间的问题，大大降低了交易的成本，也大大提高了交易效率，因而得到了人们的广泛接受，近年来其发展极为迅速，已成为一种新的零售业业态。此外，在 Internet 上出售的商品更趋全面，从最早的书籍、音像制品，到服装、化妆品、食品，甚至电器、汽车等，几乎包括了所有的消费品。

（2）企业双方之间的电子商务（Business to Business，B2B）。B2B 电子商务模式指企业与企业之间通过互联网络进行的电子交易，主要表现为大宗的原材料或产成品的批发交易，所以也称批发电子商务。此类电子商务涉及所有传统或新兴企业的供产销过程，交易规模大，在整个电子商务交易总额中占有绝对多数的份额，未来的发展潜力与经济效益都极为可观，是电子商务应用推广的核心与难点。B2B 电子商务的典型例子，如阿里巴巴网、环球资源网、东方钢铁网等，这种电子商务系统具有很强的实时自动商务处理能力，使企业以一种可靠、安全、简便快捷的方式进行商务联系活动，并达成交易。

（3）消费者双方之间的电子商务（Consumer to Consumer，C2C）。这类电子商务指个人与个人之间通过互联网络进行的电子交易，其思想源于早期的"跳蚤市场"，也是从支持二手旧货的流通入手，后来快速成为个人网上开店、经商的新模式与途径。如淘宝网、拍拍网、e-Bay网等第三方C2C平台网站，为个人经商提供了极大便利，任何人都可以"过把瘾"。此类电子商务经营门槛低，吸引了更多的社会公众参与，成为许多人网上创业的手段，可谓是当前最"火"的电子商务。但由于不易对经营者进行必要的监管，网上个人卖家的信用风险总体偏高，这是此类电子商务所存在的最大问题。

（4）企业与政府之间的电子商务（Business to Government，B2G）。此类电子商务主要指政府与企业之间的商业性事务，通过互联网方式来实现，如政府开展的一些商务服务包括税收、海关、商检、采购、市场监管、工商管理等。一方面政府对企业宏观调控、监督管理、服务事务的办理等职能，通过网络以电子商务方式运作，能更好地发挥监管作用，也能更便利于企业。另一方面作为消费需求者，通过网络平台发布需求，实现快速、高效、公平、公开地完成所需求的采购和服务，这类电子商务的典型例子，如中国政府采购网、海关总署的中国电子口岸网、国家商务部的中国国际电子商务网等。

（5）消费者与政府之间的电子商务（Consumer to Government，C2G）。此类电子商务指政府与公民个人之间的商务和业务活动的电子化，其应用目前日益广泛，特别是随着5G的快速发展，其应用前景更加广阔。政府服务于个人的事项都可以在C2G平台中一站式完成，比如个人的一些事项服务、个人的信息登记、户籍管理，包括人口普查等功能，以及个人税契等功能、个人的社会保障功能等，随着我国高速的发展，个人的社会保障制度越来越完善，个人和政府之间的直接往来越来越多，因此C2G的电子商务模式的应用无论是功能的广度和深度都会越来越广泛。

三、电子商务的发展趋势

电子商务在全球和中国都在高速的发展，国内电商、跨境电商、直播电商的发展形势一片大好，特别是 2020 年疫情暴发以来，加速了传统的商业模式的转型，电子商务进入了一个井喷发展的新时期。据国家商务部统计，2019年，中国电子商务总的交易额为 35 万亿元，其中网上零售额为 11 万亿元。其中商品、服务类电商交易额 21.83 万亿元，同比增长 24.0%；合约类电商交易额 7.33 万亿元，同比下降 28.7%。

以浙江省义乌市为例，2014 年以来义乌市电子商务年交易额分别实现1153 亿元、1511 亿元、1770 亿元、2028 亿元、2368 亿元。五年来保持着年均增长 15% 以上的增速和 300 亿的增幅。2019 年 1—7 月全市实现电子商务交易额 1444.67 亿元，同比增长 40.34%。2019 年 1 月 8 日，阿里巴巴发布 2018年度阿里县域电商 GMV 数据榜单，义乌排名第一，是第二名江苏常熟的近两倍。2018 年，全市邮政和快递业务量超 29 亿件，同比增长 52%，全国排名第四。2019 年 1—6 月，全市业务总量 19.66 亿件，同比增长 74.3%。其中，6月份单月业务量 4.43 亿件（日均超千万，单月完成创历史新高），同比增长78.39%，全国城市排名位列广州市、深圳市之后，排第三位。

电子商务未来的发展方向和发展趋势具体包括以下特点。

一是以手机为代表载体的移动电子商务高速发展，市场份额逐步扩大。随着智能手机的推广和普及，移动手机的功能日益强大，手机的性能完全可以承载移动交易和支付，基于移动技术和手机硬件性能的不断提升，移动电子商务也得到了井喷式发展，2012 年，网络购物用户人数为 2 亿多人，到了 2017 年网络购物用户人数快速增长到 6 亿人，短短的五年时间，网络购物用户人数整整增长了一倍多。基于移动端的电子商务交易额也从 2012 年的 8 万亿元增长至 2012 年的 30 万亿元，年均增长 30% 以上，直接和间接带动的就业人数从1500 万人增长至 4000 万人。5G 的应用技术为电子商务行业注入了新鲜的发展业态，有关报告显示，网络购物市场进入移动消费时代，2016 年移动端交易规模占比继续扩大；移动端成流量主来源，数据显示，2016 年中国移动网购在整体网络购物交易规模中占比达到 68.2%，比上年增长 22.8 个百分点，移动端已超过 PC 端成为电商购物最主要的消费渠道。

二是电商新业态丰富多彩。电子商务新模式新业态不断涌现，电子商务发展出现了多元化和个性化趋势。随着人们的消费水平的不断提升，年轻一代已经成为消费的主体，进而追求个性化、定制化、产品质量、良好的服务、便捷的物流体验。特别是 2020 年以来，随着移动互联网的发展和 5G 商用的推广，我国进入了全民直播时代。直播不仅是人们获取外界信息的重要方式，也颠覆了传统的商业模式，成为网络时代的"新宠儿"。党和政府鼓励直播，政府官员带头直播，各路明星、企业家也瞄准直播，纷纷入驻直播间。2020 年 4 月 1日，罗永浩抖音首播，全程累计 4665 人观看，累计销售金额 1.1 亿元。各大电商平台也将直播作为新的业务增长点。例如农产品，"主播"+"县长"+"明星"模式。例如针对淘宝网等传统电商，主要商业模式是"消费者主动购物 +主播引导购物"。例如抖音、快手等主流短视频平台，出现的商业模式是"好内容吸引流量——用流量实现变现"。

三是电子商务平台的普及性和影响力不断扩大。不久的将来，电子商务平台除了继续提高交易份额外，将进一步压缩线下交易，同时将拓展除了线上交易外的更多体验式的功能，电子商务平台将不仅仅作为一个销售渠道和平台，更是一个信息、资源、资金等的交互平台，因此，电子商务平台将发展得越来越重要，人们将更加离不开。同时，大数据将改变客户体验。随着电子商务平台影响力的变大，电子商务平台最核心的就是海量的交易数据，电子商务平台收集所有的交易信息，收集有价值的客户数据，在海量的交易信息中分析消费者的消费习惯和消费喜好，即可以将精准的消费者信息提供给商家，让商家通过平台数据了解每个消费者的资料，实现个性化的营销推广和加工生产，实现更好的客户体验度和营收，从而加强消费者的忠诚度和黏性。

2014年11月，李克强总理视察义乌，青岩刘村被总理喻为"中国网店第一村"，同时支持义乌尽快建成互换局和国际邮件处理中心。2015年，义乌实现了国际邮件互换局当年申请、当年获批、当年建设、当年投用，为全省跨境电商发展提供了重要平台支撑。2017—2019年，义乌国际邮件互换局实现出口4300万票、4800万票、5400万票，出境目的国覆盖全球127个国家和地区。2019年1—5月，出口2912.38万票，累计1.75亿元，同比增幅38.4%。义乌目前已经形成了电子商务"村—园区—镇"的发展格局。2018年10月，阿里研究院发布的《中国淘宝村研究报告（2018）》显示，义乌淘宝村达134个，是全国最大的淘宝村集群。全市有电商园区25个，建筑面积超150万平方米，其中"中国小商品城·网商服务区"被评为国家级电商产业园；电商小镇一期已建成投用，建筑面积29.56万平方米，入驻率达96.5%。

四是跨境电商如火如荼。2015年3月、2016年1月和2018年7月，国务院先后批准设立杭州、天津、义乌等多个跨境电子商务综合试验区。2016年，13个综试区跨境电商进出口超1600亿元人民币，比2015年增长1倍以上，其中，跨境电商出口拉动杭州出口增长10%以上，占全市出口的13%。目前，跨境电商综试区B2B出口占综试区进出口总额的比重约7成，依托互联网，助推产业转型升级。"一带一路"沿线国家普遍基础设施条件差，从全球竞争力报告中可知，中东欧明显在基础设施指标方面比西欧的排名低很多，这无疑促使浙江企业通过跨境电商平台在"一带一路"的"走出去"建设中获得了大量细分领域的发展机会。随着"一带一路"沿线国家智能手机渗透率、互联网渗透率、移动互联网渗透率的不断提升，"一带一路"沿线国家将成为跨境电商新蓝海。以义乌为例，目前，义乌跨境电商产业发展势头迅猛，并已形成较为突出的竞争优势，一套集跨境物流、仓储、金融、技术、培训、综合服务等为一体的产业链已基本形成。义乌跨境电商产业现已形成线上和线下双通道协同发展的产业新模式：一方面，通过线上渠道搭建一站式跨境电商综合服务平台，如义乌购、义乌好货、义网通等义乌本土电商综合服务平台以及全球网货中心、海选网、全球销等国内外多家大型跨境电商综合运营平台，形成全产业链服务模式；另一方面，通过线下渠道建立电商产业园，目前义乌地区已建成包括幸福里、新纪元两个省级跨境电商园在内的近20个跨境电商园区，总面积高达100万平方米，通过整合各种渠道的相关资源，为跨境电商企业孵化、复合型人才培养创造有利条件，进而促进义乌跨境电商生态圈的可持续发展。

五是农村电商发展迅猛。重塑乡村，是当代中国发展的重要的一个使命。在中国，农业电商不仅已经是未来数字农业的标配，被纳入未来数字农业农村规划，成为其中的重要组成部分，而且基于农村电商已有的发展，它也将成为农业数字化转型升级的先导、基础和"助推器"。

四、农村电商及商机

优先发展农业农村是中国共产党重中之重的工作，全力解决好"三农"问题，加快推进农业农村现代化，以全面实现乡村振兴。乡村振兴不能就乡村谈乡村，不能离开城市谈振兴乡村。村庄资源有限，人才短缺，市场狭小，因此，县域需加强顶层设计，城乡一盘棋，谋划一二三产融合，谋划"服务业的服务业"，实现城市与乡村生产要素双向流动，消费需求双向流通。打通城市消费与乡村供给，活跃乡村经济内循环；通过互联网实现乡村信息与外部世界的链接，通过电子商务拓展外部市场，打通乡村供给与远端市场需求，形成乡村经济外循环。

2015年，国务院总理李克强主持召开国务院常务会议，决定缩小城乡数字鸿沟；部署加快发展农村电商，培育农村现代服务业新的发展。

一方面要通过发展电子商务扩大电子商务在农村中的应用，通过电子商务革新农村的生活方式、种植方式、生产方式和销售方式。同时鼓励更多的政策资源、行业资源和资金、电子商务平台、电子商务企业、第三方物流服务企业和电子商务专业服务机构走进农村，农产品上行和下行同步推进，在推进下行的过程中，增加物流、平台服务点等，扩大农村消费市场，拓展更大的消费空间。相对工业品下行而言，农产品上行难度更大，需要进一步拓宽农特产品销售市场、结合电商与乡村旅游、线上和线下结合的力度。农村电商要从简单网销，特别是网上零售向进一步助力数字农业农村发展，就必然要求实现自身的升级。

而农村电商升级的着力方向，一方面需要进一步改善农村电商发展硬件和软件。在供应链上、冷链上、网络品牌建设上、农产品的品控上、农产品的溯源上、便捷的交通和网络上、低成本的物流上以及吸引更多的电子商务服务机构和人才上需要下更大的力度。另一方面需要打造更好的电商业态和氛围。严格保证产品质量，做好品牌建设，坚决杜绝网络销售假冒伪劣商品。同时必须要积极构建县、乡、村三级电商服务点。电商平台及服务商可以利用数据优势，赋能农产品的供需双方，在产销数字化的基础上，促进和实现供需的精准对接和精准交易。从众多平台的"严选""优品"、买家画像，到类似一亩田对产品、对档口标签化、细致化的分类等，电商大数据正在发挥越来越大的作用。大力培养和全力引进农村电商人才，加大农村电商政策扶持力度，加大对电商创业的全方面支持。鼓励更多的年轻人回到农村，通过互联网创业带动农村产业的振兴，让亿万农民通过"触网"走上"双创"新舞台。

未来几年，在国家政策的扶持下，农村市场将迎来巨变的风口，农村电商可以大力的挖掘。通过电子商务驱动农业全产业链数字化转型，通过"互联网＋"催生乡村新业态，实现一二三产融合。通过网络品牌的创建，解决过去农业、农产品有标无牌的现象。通过电子商务与一二三产融合、通过网络品牌、通过电子商务平台和数据引领农业高质量发展，用现代商业思维、品牌营销重塑乡村传统产业。积极构建"区域公用品牌、企业品牌、村庄品牌、产品品牌、个人自品牌"的多级品牌体系。同时，农村电商线上线下融合趋势更加明显，实现线下实体市场的转型，推动线下实体与线上网络市场融合发展。

新的时代需要新的理念重塑乡村产业：城乡融合谋划乡村产业，品牌引领推进质量兴农，"互联网＋"驱动一二三产融合，物联网、大数据驱动农业供给侧结构性改革；运营前置，从市场与资源双维度做好乡村农文旅项目，实现从美丽乡村到美丽经济的蝶变，助力乡村振兴。综上所述，发展农村电子商务可以很好地解决我国农业现状的"小农户与大市场"的矛盾，电商模式的最大优势就是能把单独作战的小农户进行有效的组织，达到规模化的销售，通过抱团的方式可以有效地降低成本，通过电子商务平台及平台数据分析更好地满足市场的需求，增加农村经济的竞争力。

五、农村电商发展难点

相比较于城市成熟的互联网产业，农村及农业走入互联网、融入互联网相对起步较晚，制约的因素也相对较多，但不可否认的是，面对广大的农村市场及农业，其中蕴藏的市场不可估量，农村、农业是"互联网+"最为期待的一片蓝海。同时也必须清醒地认识到，依靠互联网这阵强劲之风，做好互联网农业，并不是想象中那么简单，相对于城市发展互联网，工业融合互联网，"互联网+农业"更需要政府、服务机构、企业、合作社和每一个农民形成合力，共同努力，才能收获成果，助力农村、农业和农民的发展。

从国家层面上看，无论是政策上还是资金上，针对"互联网+农业"都是大力扶持和资源倾斜，特别是利用互联网和电子商务发展农村和农业提升到国家层面以来，上至党中央，下到各级政府都出台了扶持农村电子商务发展的政策，一揽子政策纷至沓来，在政策的落实上也是坚决有力。自2013年以来，中央一号文件一直关注如何以新理念、新科技、新业态来带动农村产业的新发展，以加快农村及农业现代化。作为农村创新发展的重要新生事物，互联网为现代农业、农村发展赋予了新动能。以电子商务为代表的新科技、商业新模式和新理念成为引领农业产业链延伸的重要平台。如何加快发展农村电子商务以快速实现农村产业振兴已经连续七年得到了中央一号文件的关注。从2017年开始，中央一号文件中农村电商的分量逐年加重，政策的导向也进一步加大，首次单列"推进农村电商"小标题，更加重视线上线下融合、农产品上行、农村物流和农村电商完整的生态体系建设。2018年发布了《中共中央国务院关于实施乡村振兴战略的意见》，意见中特别指出必须吸引更多的社会资本和资源，重点发展农村电子商务的软硬件基础设施的建设，加大力度做好顶层设计，整体推进农村、农业和农民与"互联网+"的融合，进一步加大农村电子商务发展的基础硬件设施的投入力度，鼓励支持包括农户个体及创业青年等各类农村振兴的主力军融入互联网和电子商务新的商业业态，通过电子商务实现致富梦。

从市场的发展规模上看，2019年，全国农产品网络销售额接近4000亿元，2020年全国农村网络零售额达1.79万亿元。互联网的发展不仅改变了城市人群的生活、工作、娱乐和消费习惯，也打破了农村相对封闭的、落后的现状，通过互联网，加强了农村与外部世界的连接，更多的资源和信息通过互联网快速地流入农村，农村的活力得到了加强，电子商务的发展从城市走向农村已经成为一种趋势，特别是农民，面对传统的行业，农民介入创业的机会总体不具有优势，而农村电商却给了农民一个公平的机会，农民可以是种植户、可以是经营户、还可以是利用电子商务平台进行创业的网商。但是，农村电商的发展却并不是容易的、一帆风顺的，在快速发展的互联网经济下，自身也存在很多的问题和挑战。

（一）认识不清，定位不明，缺规划

互联网及电子商务的发展历程是从城市走向农村，自2003年以来，电子商务在城市出现了井喷式的发展，农村电子商务从2015年才开始走向中国的农村，各大电子商务平台如淘宝、苏宁易购和京东等主流平台都开始关注农村电子商务市场，全力拓展农村市场，从城市走向农村，同步开展新的"上山下乡"的农村电子商务发展战略，由于中国农村有着几千年传统的生活、生产方式，加上自身的局限性，包括农产品的生产销售都以个体进行，产品的品控保证、溯源无法追踪，加上整体的硬件设施包括网速、物流、冷链远远无法满足农产品通过互联网，特别是众多电子商务平台销售到各地，因此，农村电子商务步入了一个怪圈，长短腿现象严重，其中"工业品下行"发展迅速。相对各类资源，包括电子商务平台，对于"工业品下行"投入的资源更多，而"农产品上行"投入的资源缺乏，从而造成"农产品上行"增速缓慢，对于乡村振兴和农村产业发展，"农产品上行"尤为重要。在全国上下上演工业品下乡大戏中，很多县域乡村对于电子商务这个新的商业模式没有深入了解其本质，没有也无力做好县域农村电商的顶层规划，跟着电子商务平台被动地发展农村电商，对于自身县域如何融入互联网、如何发展电子商务、如何选择和培育农村电子商务行业的主体、如何选择自身的产业及农产品、如何培育和引进电子商务专业人才、如何提供政策支持和服务都缺乏思考，往往东一榔头西一棒槌，不成系统，只能零星地开展电子商务行业。

目前有很多的乡镇村干部和村民对电子商务的认识还远远不够，也远远不够精准，大部分的人都简单地认为，互联网就是"上网"，电子商务就是"上网买卖东西"，只要把产品放在电子商务平台销售就可以，对于电子商务本身的含义、特点、商业模式和运营模式没有进一步的理解和重视。还有部分的人认为互联网和电子商务是城市的人玩的，是个高科技、高技术的工作，作为农民没有知识、没有技术、没有能力从事电子商务销售农产品和创业。一方面，农村的硬件设施特别是网络通信设施、交通设施、冷链设施和溯源技术比较薄弱，有的偏远乡村和贫困地区的网络通信设施、交通设施、冷链设施和溯源技术远远达不到发展电子商务的基础设施要求，整个农村电子商务发展产业链相关节点的电商配套机构和公共服务缺乏，城市中大量存在的电商创业园区和孵化基地没有在乡村落地，更多的是没有相关服务，单兵作战，物流成本过高，因而力量薄弱，没有形成电子商务发展的"集聚效应"。另一方面，农村从事电商创业者技能不足，绝大部分的农民和返乡青年或多或少了解电子商务，特别是返乡青年大多在电子商务平台有过购物的经历，因此，对电子商务及电子商务平台买卖商品并不陌生，但是仅仅停留在了解和参与过电子商务平台购物这个层面，也有很多的农民和返乡青年对于在电商平台创业或者销售农产品有较大的期待和向往，但是仅仅停留在向往和期待的层面，真正如何进行电商平台创业无从下手，具体电子商务的商业模式的真正内涵很少有人能够了解和掌握，至于如何在电子商务平台运营和推广产品更是无从谈起。随着电子商务的深度发展，从事电子商务创业由发展初期的以个人创业为主到现在的以团队创业为主，在电商平台销售和创业的难度与日俱增，更多电商平台需要创业者掌握更多的电子商务专业技能。运作电商项目除了需要掌握整个电子商务运营的流程人才之外，还需要电子产业链中的专才。包括选品、网络品牌创建、供应链整合、摄影摄像、美工、视觉设计、仓储和物流等专才。而我们的农民和返乡青年大部分不掌握这些相关技能，没有品牌意识、没有品控思维、没有资源整合能力、没有整体运营思路，对于自身运营产品的定位不明确，不了解消费群体的喜好，等等。

（二）服务不全，成本过高，缺设计

农村电商发展"长短腿"，主要的根源在于电商发展基础的薄弱，没有成熟的电商发展主体，没有完整的电商生态圈，没有专业的电商服务机构，没有发挥电商"集聚效应"的农村电商创业园。在作为农村电商发展主体的农民和返乡青年大部分不掌握整个电子商务运营的流程及整个产业链节点相关技能的前提下，要发展农村电商，就必须要提供相应的电商服务，通过建立完整的电商发展生态圈，提供完整的电商服务来弥补。从政府层面，在做好农村电商发展的顶层设计之外，在政策上、资源的整合上需要投入更多的力度，通过行政加市场两只手形成合力，内培外引，建立完整的电商发展生态圈。一方面对内加大培训的力度，通过系统的长期的培训服务培养一大批真正具有互联网思维，真正掌握电子商务新商业模式的本土人才，在内培的过程中，精准开发系列的培训课程，从初级的大撒网，从追求数量上的培训开始，从粗浅的普及知识灌输开始，让更多的农民和返乡青年了解电子商务，形成发展电子商务的整体氛围。在初级的培训中，针对真正从事创业的新农民这一类重点人群开展选品、网络品牌创建、供应链整合、摄影摄像、

美工、视觉设计、仓储和物流等系统的中高级培训，同时提供更多的专业的组织和机构能够为创业者提供后续的跟踪和帮扶，解决农民在创业过程中遇到的专业问题，从而极大地提高农民和返乡青年创业的积极性和持续性。另一方面对外加大引才力度。农村最缺乏的就是电商的服务机构，没有大量优秀及完整产业链的电商服务机构，县域的农村电商服务就无法快速地发展。在农村电商发展的初级阶段，自身培养优秀的服务机构难度过大，只能提供更多的政策优惠来吸引更多的服务机构入驻。

（三）产量不足，产品不特，缺整合

随着中国消费者从解决温饱到追求个性和产品品质，顾客的需求层面已经有了一个质的提升。更多顾客的产品需求体现个性化，喜欢质优价廉，特别是农产品，往往喜欢凸显本地特色的。一方面需要销售的农产品在优质和具有区域优势和区域品牌之外，在能够保证产品质量的前提下进行安全的运输。另一方面要求购买的农产品能够溯源和追踪。特色的农产品一旦得到市场和顾客的认可，需求的产量巨大。面对农村的现状，往往无法保证农产品的质量和数量。农民种植农产品更多的是以家庭为单位的单兵种植，产量小，质量不均匀，种植的随意性强，缺乏种植的计划性，产品的质量无法保证，缺乏相应的标准，以单兵的形式在电子商务平台销售无论在运营上、质量上、价格上以及数量上都没有竞争力。往往存在的情况是要么无销量，要么有销量了，却无法提供产量，产品供应不上。这里存在一个严重的问题就是有产业，却没有企业进行产业的整合，没有形成抱团作战。

冷链物流、供应链整合和物流配送是发展农村电子商务最重要的环节，冷链物流、供应链整合和物流配送是否完善，成本是否具有优势，都决定了电子商务的发展，目前，很多的乡村物流成本高，没有供应链整合，没有仓储，第三方物流公司覆盖农村的面很小，物流配送成本过高，这些直接影响了电子商务发展，这也是县域农村电商物流和冷链的现状。

（四）引入难，留住难，电商人才紧缺

电子商务发展的现阶段，最核心的竞争力就是人才，在农产品的电子商务运营和推广的过程中，最需要的就是具有电商专业知识和技能，同时又了解农村、了解农民、了解农产品和了解顾客。而这类人才也是农村发展电子商务最紧缺的，工作生活的环境、便捷性阻碍了有能力的优秀电商人才来到农村创业和发展，这也大大制约了农村电子商务的发展。

● 附 某县农村电商支持政策汇总

一、省级农村电商奖补政策

1. 网络销售额超 1000 万元农村电商企业

（1）在本行政区域内依法登记注册。

（2）县（市）电商企业的农村产品年网络销售额不低于 1000 万元，市辖区电商企业的农产品年网络销售额不低于 1000 万元。

（3）遵守法律法规，诚信经营，1 年内无违规和失信记录，无消费者集中投诉事件。

2. 网络销售额超 100 万元农村电商品牌

（1）电商企业在本行政区域内依法登记注册。

（2）县（市）电商企业单一品牌的农村产品年网络销售额不低于 100 万元；市辖区电商企业单一品牌的农产品年网络销售额不低于 100 万元。

（3）遵守法律法规，诚信经营，1 年内无违规和失信记录，无消费者集中投诉事件。

3. 农村电商利益联结机制项目奖补

对电商经营主体与相关本地专业合作社形成 1 年及以上稳定购销协议且年采购额达 50 万元以上，并对带动农户增收脱贫取得实效的，给予电商企业在该农业基地或专业合作社网销采购额 5% 以内、总额不超过 20 万元的奖励。对电商经营主体收购贫困村、贫困户农村产品的，给予采购额 10% 以内、总额不超过 20 万元的补助。每个电商经营主体获奖补资金的总额应在 30 万元以内。

4.电商网点规范建设

支持乡村电商网点规范建设，以贫困村村网点为重点，对参与农村产品上行服务成效较好的网点给予每个网点 200 元以内的分档奖励，对新增的"电商便民服务站""电商便民服务点"等新型农村电子商务服务站点（含整合提升改造）给予使用中央资金采购的设施设备及室内免费装饰和免费培训指导。

（1）农产品信息收集、发布：电商网点负责人参与农产品信息摸排、收集、发布且信息真实，一条信息给予电商网点负责人 5 元奖补，最高补贴 2000 元 / 年；通过信息发布实现成交的，该条信息按照交易额 3% 给予电商网点负责人奖补，最高每笔交易不超过 100 元。

（2）农村产品网上销售：贫困村网点农村产品年网销额达 0.5 万元—1 万元（不含）、1 万元—3 万元（不含）、3 万元—5 万元（不含）、5 万元及以上，分别奖励 600 元、1200 元、1800 元、2400 元；非贫困村网点农村产品年网销额达 1 万元—3 万元（不含）、3 万元—6 万元（不含）、6 万元—10 万元（不含）、10 万元及以上，分别奖励 600 元、1200 元、1800 元、2400 元。

二、促进现代服务业发展扶持奖补政策

1.电子商务

（1）支持示范创建。对新获得国家级、省级、市级电子商务示范园区或示范企业的，分别给予 100 万元、50 万元、20 万元一次性奖补。对市域外国家和省级电子商务示范企业入驻、实际运营 1 年、年网上销售额 1000 万元以上的，分别给予 100 万元、50 万元一次性奖补。

（2）支持集聚发展。对实际使用面积 1000 平方米以上、入驻电子商务企业达 30 家以上，实际运营 1 年、年网上销售额 500 万元以上的电子商务产业园区（或电子商务楼宇）给予 50 万元一次性奖补。

（3）支持线上交易发展。对线上年销售额 2000 万元、3500 万元、5000 万元、1 亿元、3 亿元以上的电商经营主体分别给予 10 万元、15 万元、20 万元、30 万元、50 万元一次性奖补。对在第三方电子商务平台开设网店（特色馆），正常运营满 1 年以上且网络零售额达 300 万元的，给予 5 万元一次性奖补。

（4）支持电商人才培育。对当年新录用大学专科以上电子商务专业毕业生 10 名以上、且签订 1 年以上劳动合同并按规定缴纳社会保险费的电子商务企业，给予 10 万元一次性奖补。对年度开展电子商务应用及技能培训 10 场次以上、受训人员达 500 人次，受训人员实现电商创业就业（就业合同 1 年以上）达到 50 人以上的电商服务平台、电商应用企业，给予 10 万元一次性奖补。

（5）支持电商应用普及。对开展"线上＋线下"销售，利用社区便利店等开设"网订店取"点 50 个以上，且年度线上销售额 1000 万元以上的电子商务企业，给予 20 万元一次性奖补；年度线上销售额 500 万元—1000 万元的，给予 10 万元一次性奖补。

（6）支持农产品上行。对企业年度网上销售本地农产品首次达到 50 万元、100 万元、200 万元、500 万元、1000 万元、2000 万元、5000 万元的，分别给予 3 万元、5 万元、10 万元、20 万元、30 万元、50 万元、100 万元的一次性奖补。对举办本地农产品线上线下促销活动，按照承办机构实际投入 30% 给予一次性奖补，最高不超过 10 万元。对开设网店销售本地初级农产品（含竹制品）的企业和个人，按交易快递单 3 元／笔或平台流量等扣点费用的 30% 给予补助，最高不超过 10 万元。

（7）支持物流快递协调发展。对新建电子商务公共仓储配送平台，面积 2000 平方米以上、使用电子商务企业达到 5 家以上的，按其软硬件投资额的 20% 给予一次性奖补，最高不超过 50 万元，对快递企业当年累计国内异地快递业务量（发件量）50 万件、200 万件、500 万件以上的，分别给予 5 万元、10 万元、20 万元一次性奖补。

六、农产品电商

自从互联网时代到来，农产品开始慢慢地融入其中，尤其是在电商化模式中带来的营销模式上，都觉得在其系统上，能够及时地将最新的农产品信息进行公布，具备独到的优势。从农产品发展的趋势来看，带动农产品进入到电商化平台，其发展的前景会越来越好。我国农产品电商网络零售的模式主要包括B2C（电商平台对消费者模式）、C2B（集合竞价订购模式）、B2B2C（农产品供应链模式）、C2C（农民对消费者模式）、B2F/F2C（生产者、农民对家庭消费者模式）、ABC（代理商–商家–消费者模式）、P2P（点对点、人对人、贸易伙伴对贸易伙伴模式）、B2S（分享式、体验式电商模式）、O2O（线上和线下相融合模式）等（见表1–1）。

表1–1　粮食及其他农产品各种网络零售模式创新

模式	主要内容	模式	主要内容
C2C	农产品网站对消费者	C2F	农业订单农业
C2B	集合竞价定购模式（订单）	B2M	农产品企业根据客户需求建立网站
B2B2C	农产品供应链模式	M2C	农产品加工企业对消费者
C2C	农民对消费者	BMC	企业＋中介平台（网络）＋终端客户的模式
B2F/F2C	生产者（农民）对家庭	SoLoMo	农产品社区化模式
ABC	代理商–商家–消费者	CSA	社区支持农业
娱乐竞拍	农产品秒杀	P2C	生活服务平台
P2P	点对点、渠道对渠道、人对人、贸易伙伴对贸易伙伴	SNS–EC	农产品社交电商
B2S	分享式、体验式电商（俗称众筹）	跨境	跨境电商:海代、海淘、海批（批发）
O2O	线上与线下相融合		

2013年我国农产品网络零售的交易额达到了500亿元，2014年我国农产品网络零售的交易额达到了1000亿元，2015年我国农产品网络零售的交易额达到了5100亿元，2016年我国农产品网络零售的交易额达到了2200亿元，2017年我国农产品网络零售的交易额达到了2500亿元，其中我国农产品期货、期权网上交易7.89亿元，交易额达到40.88万亿元，其中电子交易市场有近200家。

2018 年我国农产品网络零售的交易额达到了 3000 亿元，2019 年交易额更是达到了 4000 亿元（见图 1-1 和图 1-2）。

2013—2020 年我国农产品网络零售预测

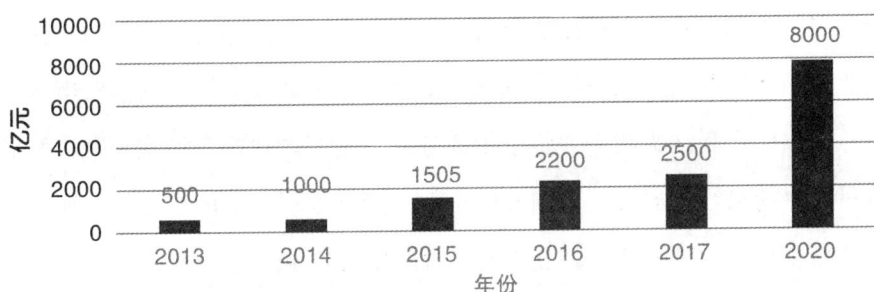

图 1-1　我国农产品网络零售额

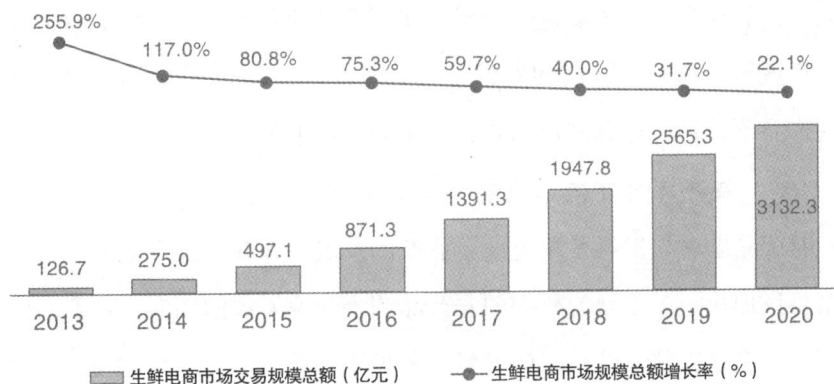

图 1-2　我国农特产品电子商务交易额

我国农产品网络零售进入网上网下融合发展、"六位一体"模式多样的时期，对于消费者而言更加注重品质和健康，由此标志着农特电商进入品质消费时代和区域产地品牌时代，农特电商也在转型升级，由旧电商快速进入了新电商时期，各种电子商务的新业态发展迅猛，线上和线下相融合的力度更大，淘宝、京东等综合性的电子商务平台的霸主地位进一步确立，垂直的农特电商平台在夹缝中也得到了快速的发展，O2O 生鲜电商点、体验店和无人点在全国各个区域开始布局，农特电商的快速发展也进一步压缩了传统生鲜市场。农村电商的核心是工业品下行和农特产品上行，但最重要的，未来市场发展最让人期待的是农特产品的上行，农产品上行是乡村振兴、农村产业发展以及农村电商发展的关键，只有农产品的上行做好了，农村电商的发展才有持续性。农村产业的振兴发展，在以农业为基础的前提下，以新商业模式的经营市场主体为核心，以融合联结为纽带，将电子商务与一二三产业相互渗透和融合发展作为乡村振兴的路径，通过互联网和电子商务延伸农村产业的产业链，通过电子商务革新乡村的治理模式，转变农村产业发展方向和发展方式，通过融合新技术、新商业模式和新业态，带动信息流、资金流、物流、商品流、现代技术和市场需求在农村的集成和优化，通过电子商务平台大数据调整农村产业的整体布局，让农村产业更加贴近消费者，实现个性化的需求，形成完整的农村电子商务产业链，通过互联网和农村一二三产业相融合，协同发展，延伸产业链，实现产品价值最大化和农民增收，实现农村产业振兴。

（一）农产品电商进入电商新业态的步伐加快

农产品电商的发展紧跟电商新业态的发展，在线上线下融合、直播电商的转型步伐加快、以平台为核心的农产品销售快速发展的同时，社群营销、直播电商的发展也得到了井喷式的发展，各种线上线下深度融合的模式得到了更多的创新，实体与平台店铺的融合，平台与社区的融合，各类深度融合的创新模式得到实践和布局。

（二）农产品冷链和溯源推广的力度加大

冷链的发展是农产品电商发展的关键，随着农产品电商的发展，从国家到地方、从政府到企业对冷链的建设得到了更大的重视和支持。为了追求农产品的产品品质，产品的溯源建设也得到了更多的推广。相关农产品的各类标准也在全面推出，包括农产品的种植、采摘、保存、品质保证、包装、物流越来越规范，标准越来越多。

七、农村电商物流

国家高度重视利用互联网及新商业模式壮大和加快乡村振兴的步伐，多措并举全力推动融合互联网的农村新产业和新业态的发展，特别是乡村产业和乡村休闲旅游产业。2013年以来，中央一号文件持续关注如何以新理念、新科技、新业态来带动农村产业的新发展，并出台一系列政策以加快农村及农业现代化。从2017年开始，中央一号文件中农村电商的分量逐年加重，政策的导向也进一步加大，首次单列农村电商发展，提出"推进农村电商"板块，从推动农业供给侧改革开始，重点培育农村发展新动能，同时也更加重视线上线下融合、农产品上行、农村物流和农村电商完整的生态体系建设。2018年中央一号文件特别指出必须吸引更多的社会资本和资源促进"互联网+"与农村产业融合的高度，打造具有代表性的、可复制的电子商务融合一二三产业的新模式。首先重点做好农村电子商务发展软硬件基础设施的建设，同时整合各种资源和资金加大对农村电子商务发展的基础硬件设施的投入力度，加大力度做好农村流通现代化。并出台了促进农村电子商务发展的指导意见、全国物流发展的专项规划和全国商贸物流规划，这些规划的出台，紧紧抓住了农村电子商务发展的"牛鼻子"，为解决制约农村电子商务发展的最大短板提供了更多的支持，彻底解决农村电子商务发展面临物流配送成本高、效率低的问题。

随着电子商务的高速发展，中国的物流行业也有了突飞猛进的飞跃，总体而言，中国的物流行业完全适应电子商务的发展。中国的农村，由于更多的人奔赴城市就业和居住，农村的常住人口急剧减少，"386199"现象严重，从而造成物流进入乡村发展的成本很高，物流设施的投入欠缺，社会资本和资源的投入主要在城市，而乡村的投入不足，因此乡村的物流成本居高不下，物流的人才严重缺乏，物流配送的时效性远远达不到电子商务的要求，面对互联网和电子商务，能否带给乡村发展重大历史机遇，物流建设尤为重要。政府层面如何引导更多的资源和资本投入到乡村的物流及交通建设，是一个重要的且必须解决的重要议题。

相对城市而言，我国农村电子商务发展总体较为滞后，农村配套的软硬件设施建设严重不足。农产品相对于工业品，有着其特殊的要求，农产品的质量保证、保存设施、冷链存储、物流运送方式、农产品包装等都有着更加严格的要求。加上农村的人口和城市相比密度偏低，村村之间分布空旷，村民居住较为分散，无论是工业品下行还是农产品上行，都需要更高的要求，特别是农产品在货源整合、加工、冷藏及时效性等方面要求很高，目前虽然农村的物流建设发展很快，但还是存在很多的问题，急需解决。

在国家政策的全力投入和引导下，各级政府及平台企业、物流公司和社会资本抓住电子商务发展的重大机遇，无论是中国邮政还是民营企业都纷纷走向农村，以蚕食的方式拓展农村物流业务，布局和建设农村物流网络，开设乡村物流服务点，建设村级服务站，努力实现村村通快递。以阿里巴巴、京东、苏宁易购为代表的电子商务平台开设了全国近千个县级物流配送中心和近万个村级服务站，快递的成本急剧下降。

目前我国常见的农村物流模式主要为：

（1）平台自营物流模式。平台自营物流模式是指电子商务平台企业从自身的发展战略角度出发，为保证平台能够掌握相应的物流配送，并服务于平台的发展需求，着眼于企业的长远，自投资金和资源，组建相对独立的物流配送网络和系统，同时把独立的物流配送网络和系统纳入整个平台的总体发展和考量，结合平台的发展，开展配套的物流管理、运作、协调和成本控制。平台自营物流模式所需投入的资金和资源巨大，一般都背靠实力雄厚的大型平台和企业。平台自营物流模式目前主要包括两种类型：一种是发展成熟的传统企业，特别是传统的零售企业，比如大型超市、大型批发销售企业，在拓展电子商务业务的同时，依托原有的物流配送体系，结合自身电子商务发展的需要，对原有的物流体系进行整合和创新，形成一套独立的自营物流配送网络。另一种是大型的电子商务平台，比如以京东为代表的 B2C 电子商务公司为控制物流配型的质量和成本，结合自身电子商务平台的发展，利用自身的优势，独立组建自营物流配送网络。自营物流配送模式具有一定特定性和专一性，它只为自身的平台服务，是一对一的服务模式，总体优势明显，在成本控制上，物流配送的服务质量上，以及后续的跟踪服务上都具有得天独厚的优势。以京东物流为例，京东平台自营物流已经成立了十余年，目前已经运营了515个大型仓库，总面积为1090万平方米。京东平台自营物流完整的体系已经发展为京东最具有竞争优势的核心，京东平台通过大力的投资和建设，已经形成了非常完备且成本优势明显、配送速度明显的配送网络体系，加上京东平台的物流体系充分结合、运用和发展新技术，包括大数据、人工智能、无人机等，搭建起了"电商平台＋自建物流＋大数据"互相融合的电子商务生态系统和平台，积极扩充铁路、航空、仓储、冷链、配送等第三方合作企业，形成了面向全球的物流链。

（2）物流企业配送模式。物流企业配送模式也称第三方物流配送模式，它和平台自营物流模式相比，具有更多的服务广泛性，它是一对多的服务模式，总体上物流企业配送模式的成本控制更有优势，但是物流配送的服务质量上，以及后续的跟踪服务上和平台自营物流模式相比稍逊一筹。它类似于外包物流配送模式，企业或个人以一种签订合同契约的方式，委托物流配送企业全权处理相关的物流服务。物流企业配送模式也是我们物流行业主要的也是发展最快、最成熟的配送模式，包括天天、顺丰、圆通、申通等快递公司。

（3）物流联盟合作配送模式。联盟物流是指物流配送的主要各方，包括多家企业和第三方物流配送公司，为降低物流配送的成本、提高配送的效率以及配送的质量和服务，整合各自的优势资源进行抱团发展，建立一种短期的或者长期的物流配送合作体，以物流联盟的方式打通各自的篱笆，建设高效的物流配送网络和系统，开展高效的物流配送服务。

（4）平台自营物流模式＋第三方物流企业配送模式。平台自营物流模式＋第三方物流企业配送模式是在原有的两种模式上，取长补短，全面合作，充分发挥平台自营物流模式和第三方物流企业配送模式的优势。

八、电子支付

支付是一种人类社会普遍性的经济活动，不仅发生于商品交换领域，而且存在于众多的社会生活领域。随着社会经济关系的扩大，支付的方式与手段进一步丰富多样化，不只限于货币资产的转移，也可以是其他资产所有权，甚至债权的转移让渡。由此，支付的概念有广义与狭义上的理解。广义上，支付指在所有社会领域中，经济主体以某种资产的所有权、债权或劳务的价值，通过向对方主体的转移，来最终了结双方间的经济关系的经济行为。而狭义上，支付指在商品交易过程中，以货币（充当一般等价物的特殊商品）为支付工具，在交易双方或其他相关方之间发生的资金（价值）转移。这也是我们现代经济生活中通常所指的支付。即便是狭义概念上的支付，其方式也带着鲜明的时代特征，是一历史的范畴。作为一般等价物的货币，在不同的历史阶段，有不同的表现形式。从远古的贝币、骨币，古代的贵重金属货币，近现代的纸币，到当前的电子货币，其中凝结着人类不断改良交易效率的智慧与努力。

20世纪50年代末，计算机技术在银行业务中得到应用，发达国家的一些银行利用计算机、终端机、电子信息网络等电子通信设备建立了高速划拨资金的电子资金转账系统EFT，这是电子支付的最早形式。电子支付改变了传统的支付结算方式，降低了成本，提高了效益，从而得到迅速发展，各国相继建立了大额电子支付系统。

我国的电子支付建设相比较发达国家总体起步较晚、差距较大，但我国的发展速度更快，特别是近年来，国家对电子支付的推广力度逐年加大，实施了一系列安全工程、信息化工程、物联网工程和现代化支付系统的建设，保证了我国电子支付的应用基础建设，我国也实现了多个电子支付结算系统的建设。电子支付是传统金融业与现代微电子技术，尤其是计算机和网络技术相结合的产物，作为一种创新的支付方式，它进一步方便了交易，提高了资金转移的效率。早期的电子支付从专用金融网络拓展到公共互联网，或者开发新一代适合于互联网支付使用的电子货币工具，由此推动电子支付向其更高阶形态——网上支付发展，也即支持电子商务的支付方式，使得消费者可以在任何地方、任何时间，通过 Internet 获得银行的支付、结算服务。

网上支付指客户、商家、银行之间，使用安全电子手段，利用电子现金、银行卡、电子支票等电子支付工具，通过互联网传送到银行或相应的处理机构，从而完成资金支付的整个过程。传统的电子支付系统中，应用比较广泛的主要有 ATM、POS、电话银行与电子汇兑系统。

电子支付系统是电子商务系统的重要组成部分，它把新型支付手段通过网络安全传送到银行或相应的处理机构，完成交易双方的支付。电子支付系统是电子交易顺利进行的重要的社会基础设施之一。

电子支付系统的构成。电子支付系统由客户、商家、认证中心、支付网关、客户银行、商家银行和金融专用网络七个部分组成（见图 1-3）。

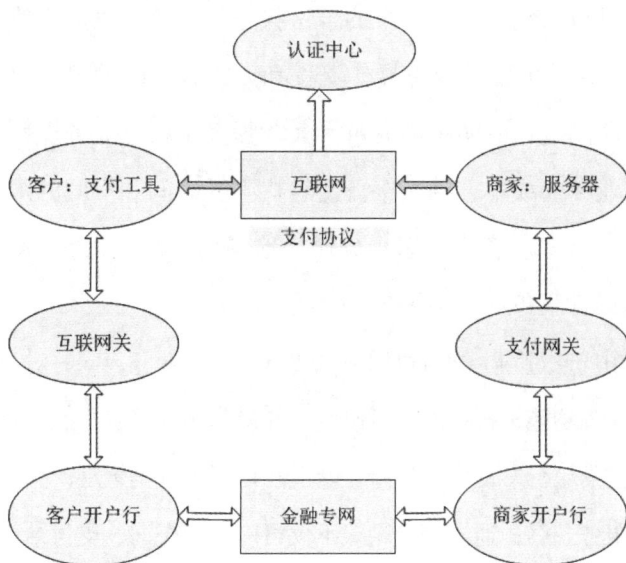

图 1-3　电子支付系统的基本构成

信息技术的发展及在银行业的应用，使商业银行的交易系统、清算系统、服务网络日新月异，银行经营的商品——货币由现金转向电子货币，传统的银行服务产品——存款、贷款和结算的内涵和外延都有了惊人的发展。近年来，电子商务发展势头迅猛，快速推动了银行业态的网络化进程。网络银行将以其拥有的广泛信息资源、独特运作方式，为金融业带来革命性的变化，网上购物、网上交易、网上支付、网上消费、网上理财、网上储蓄、网上信贷、网上结算、网上保险等已经成为银行业市场竞争的热点。在国内，1999年，四大国有银行及招商银行开始推出网上银行业务，同时银行的经营理念、经营方式、经营战略、经营手段发生了革命性变革。

网上银行的主要特点包括：

（1）依托迅猛发展的互联网技术，包括网络技术、通信技术和大数据技术，将银行业务利用线上的方式渗透到全球。网上银行都与国内最具权威的、公正的、第三方认证机构——中国金融认证中心（CFCA）合作，采用其签名技术来保证电子交易中交易双方身份的真实性和交易信息的机密性、完整性以及对交易的不可否认性，保障客户的合法权益，客户可以放心使用。

（2）打破了传统的银行业务操作流程和方式，传统的银行业务开展的平台和流程通过互联网进行的颠覆性变革，大大提高了银行业务操作的便捷性，大大减少了银行业务的成本，网上银行使客户不受时间和空间的限制，是真正意义上的自助银行服务。客户可以十分便捷地享用银行提供的3A服务，轻松自由自在地享用银行服务。

（3）个人用户通过网上银行可以完成传统的银行业务，同时对个人、家庭和企业相关的日常业务功能进行扩展，可以便捷地操作实现，客户通过企业网银可了解各个银行所提供的银行、证券、保险、基金、信托等各类金融产品，享受全面的产品信息和金融服务。客户通过企业网银不仅可以办理查询、支付结算等传统柜台业务，还可以体验现金管理和投资理财等增值服务，同时实现网络购物等日常功能。

（4）企业网银可提供一般企业日常业务需要的账户查询、支付结算等基本功能，也可针对大型集团客户更复杂、个性化业务需求特点，灵活增加功能，实现现金管理、投资理财等增值服务，满足特殊的管理诉求。

九、第三方支付

第三方支付由第三方非银行（甚至非金融）机构提供网上支付手段和支付系统，实现用户间交易货款资金的转移。第三方支付需要第三方非盈利机构提供交易双方的安全信息保障，通过与银行支付结算系统进行接口对接，通过互联网的网络技术手段和信息手段实现网络支付。第三方支付平台服务商采用与信息相关的安全技术、网络通信技术和计算机技术，建立第三方支付服务平台，把银行、个人消费者、企业、商家进行打通和连接，通过连接通道，在保证安全的前提下，通过计算机技术和网络技术，实现消费者、企业、商家之间资金的流通、结转和支付。第三方支付平台是属于第三方的服务型中介平台，在电子商务快速发展过程中，电子商务平台、电子商务经营企业、消费者急需快速、安全、便捷的货币支付，而第三方支付满足了电子商务发展的需求，也极大地促进了电子商务的高速发展，第三方支付为电子商务平台、经营企业和消费者完成交易行为提供了基础支撑和应用支撑服务。

2005 年，淘宝平台开发了第三方支付"支付宝"并正式上线运营。"支付宝"是基于一种信用担保的交易平台，解决了以前支付平台交易的诚信问题，得到了广大网民的支持。截止到 2018 年，支付宝在全球的用户数量已经达到了 8.7 亿人，高普及率表明支付宝已成功融入国民生活。数据表明，通过近 10 年的快速发展，使用第三方支付"支付宝"的用户与日俱增，交易笔数和交易额不断爆发，其中，移动支付单日交易笔数峰值达到 4518 万笔。2005 年，腾讯公司也开发了第三方支付"财付通"在线支付平台并正式上线运营。

随着中国电子商务及平台的快速发展，中国的第三方支付也发展非常迅猛，中国已经远远超越了发达国家成为第三方支付的第一超级大国。

第三方支付平台货币及资金支付具体流程为（见图 1-4）：

（1）付款人和企业开设支付平台账户，同时将银行真实账户和支付平台账户进行绑定；

（2）付款人先将真实货币和资金存入通过银行真实账户转入支付平台账户；

（3）消费者选择和购买产品；

（4）消费者依据购买商品所需的价格，将个人支付账户的资金进行支付，具体过程为将支付的资金转入第三方支付平台账户，由第三方平台账户保管购买商品所需的资金金额；

（5）第三方平台确认消费者转入资金，同时将确认信息传递给收款人，收款人依据第三方支付平台的确认资金保管信息后，进行下一步商务活动，如商品发货等；

（6）消费者收到商品，并确认商品无误后，向第三方支付平台确认商品无误信息，提醒第三方支付平台可以进行资金转移支付，如果消费者对商品有异议或者没有收到商品，可以向第三方支付平台传递退款信息；

（7）第三方支付平台根据消费者传递的确认信息，将保管的资金转移到收款人账户或退还给消费者本人账户；

（8）收款人收到支付资金后，可以将收款人第三方支付平台账户资金转移到银行账户。

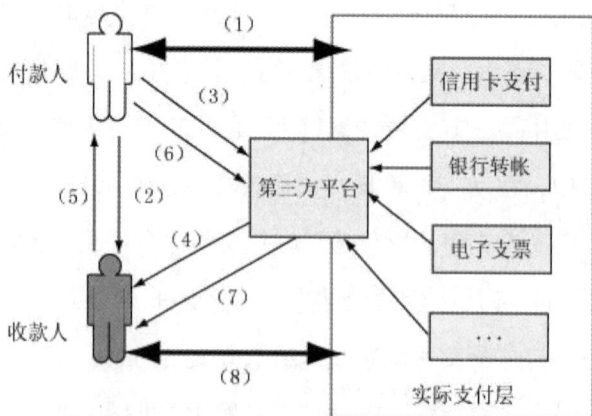

图 1-4　第三方支付平台结算支付流程

其中第三方支付平台特征为：

（1）支持国内各大银行发行的银行卡，国际信用卡组织发行的信用卡；

（2）手续费标准统一，结算周期可由商户设定；

（3）确保后续问题的及时解决；

（4）中立而具有公信度。

截至 2020 年 11 月，我国拥有第三方支付牌照的公司共有 237 家，从 2015 年至今，先后有 34 家第三方支付公司支付牌照被注销。如今第三方支付排名靠前的支付公司有哪些呢？下面我们就一起来看看，由互联网周刊最新发布的 2020 年第三方支付 50 强公司排名（见表 1-2）。

表 1-2 第三方支付 50 强公司排名表

排名	第三方支付公司	APP 或支付品牌
1	财付通支付科技有限公司	财付通（微信支付）
2	支付宝（中国）网络技术有限公司	支付宝
3	中国银联股份有限公司	银联商务
4	平安付科技服务有限公司	壹钱包
5	快钱支付清算信息有限公司	快钱
6	苏宁消费金融有限公司	苏宁金融（苏宁支付）
7	联动优势电子商务有限公司	联动优势
8	京东数字科技控股股份有限公司	京东支付
9	拉卡拉支付股份有限公司	拉卡拉
10	通联支付网络服务股份有限公司	通联支付
11	易宝支付有限公司	易宝支付（YeePay）
12	迅付信息科技有限公司	环迅支付
13	北京度小满支付科技有限公司	度小满支付
14	天翼电子商务有限公司	翼支付
15	中移电子商务有限公司	和包支付
16	网银在线（北京）科技有限公司	网银在线

排名	第三方支付公司	APP 或支付品牌
17	联通支付有限公司	联通支付
18	上海盛付通电子支付服务有限公司	盛付通
19	北京海科融通支付服务股份有限公司	海科融通
20	易生支付有限公司	易生支付
21	随行付支付有限公司	随行付 Plus
22	海南海岛一卡通支付网络有限公司	海南一卡通
23	国付宝信息科技有限公司	国付宝
24	银盛支付服务股份有限公司	银盛支付
25	网易宝有限公司	网易宝
26	连连银通电子支付有限公司	连连支付
27	北京钱袋宝支付技术有限公司	钱袋宝
28	宝付网络科技（上海）有限公司	宝付
29	杉德支付网络服务发展有限公司	杉德支付
30	智付电子支付有限公司	智付 Dinpay
31	中付支付科技有限公司	中付支付
32	上海付费通信息服务有限公司	付费通
33	汇付天下有限公司	汇付天下
34	瑞银信支付技术有限公司	瑞银信
35	北京新浪支付科技有限公司	新浪支付
36	上海富友支付服务股份有限公司	富友支付
37	易智付科技（北京）有限公司	首信易支付
38	快捷通支付服务有限公司	快捷通
39	中金支付有限公司	中金支付
40	广州市汇聚支付电子科技有限公司	汇聚支付
41	得仕股份有限公司	得仕通
42	资和信电子支付有限公司	资和信
43	易联支付有限公司	易联支付

排名	第三方支付公司	APP 或支付品牌
44	上海偶可贝网络科技有限公司	Allpay
45	优钱付（浙江）信息科技有限公司	优钱付
46	四川商通实业有限公司	四川商通
47	卡友支付服务有限公司	卡友支付
48	重庆易极付科技有限公司	易极付
49	双乾网络支付有限公司	双乾支付
50	新生支付有限公司	新生支付

以支付宝为例：支付宝实名用户超过 5.8 亿，是其中的佼佼者，其通过与众多知名的购物平台进行合作，迅速获取了知名度，在市场上获取了一席之地，并且成功坐上了第三方支付平台的霸主地位。

（一）发展现状

支付宝的使用者大多数为年轻人，目前已经发展为中国最大的第三方支付平台，支付宝以年轻的消费者为主要的服务对象，极大地迎合了年轻消费者的需求，支付宝的使用人数已经达到了惊人的程度。

（二）服务内容

支付宝除了提供方便快捷的消费支付外，还提供方便快捷的查询账户余额、商品发送的动态物流信息，提供免费跨行转账、生活缴费，推荐当地特色美食、理财和公益等服务。

（三）模式介绍

1.运营模式

支付宝模式最核心的是以支付宝为信用保障中介。具体的支付流程为：首先消费者将银行的资金转移到支付宝，确定支付宝有足够的使用金额，消费者在淘宝平台开设的网店中挑选自己的商品，和商家沟通、协商，确认交易价格，然后消费者将自己的支付宝账户的资金转移到信用保障的第三方支付账户支付宝，支付宝收到转移的足额资金后，告示商家资金到账，可以准时发货，商家收到支付宝发送的资金到账信息后，进行发货，当消费者收到商品后，如果出现商品问题，消费者可以向支付宝账户申请退款，如果消费者确认商品无误，消费者提醒支付宝，可以将在支付宝的资金支付给商家，商家收到款项后，整个交易完成。支付宝在这个流程中充当信用保障中介的角色，同时为交易双方提供信誉保障，确保交易安全进行。

2.盈利模式

第一，支付宝提高广告接口，进行广告推广，实现广告收益。第二，支付宝进入 B2C 业务，给予不同的免费额度，对超出的部分收取手续费从而获得稳定的收入。第三，支付宝的收益为理财相关业务和代缴费业务的服务费。

（四）技术保障

第一，在支付宝账户的保障上，有密码、密保问题、面部识别、手机号验证等多种方式，全方位保证用户的账户安全。第二，支付宝的登录密码、支付密码设置双重的安全保障。第三，支付宝绑定手机号码进行手机验证，在账户资金有变动时动态短信提醒用户账户安全。

第二篇　政策篇

一、中央一号文件传递的农村电商政策信号

2017 年中共中央、国务院出台了关于加快培育农业农村发展新动能的一号文件，此次"中央一号文件"和往年一样，对于利用"互联网+"及电子商务促进"三农"建设提出了更多的指导意见，同时重视的力度逐年增大，在一号文件中重点要求加大力度培育和壮大新产业新业态的发展，完善农村产业电子商务的全产业链和价值链，紧跟中国电子商务发展的步伐，加快农村电子商务的发展速度，推动线上线下互动发展。

具体有以下特点。

（1）首次关注电子商务"集聚效应"。首次提出建设农村电子商务集聚的产业园和农村电子商务创业基地的问题。在中国的城市布局了大量的具有集聚效应的电子商务产业园和创业园，农村地区相比较于城市而言，虽然农村电子商务创业园已建有近百家，并且还在不断地快速增长，但大部分的农村电商园区实现助推农村电子商务发展功能的很少，无法满足农村电子商务的发展需要。具有"集聚效应"的电子商务产业园区对于农村电子商务的发展具有至关重要的作用。在 2017 年的"一号文件"中鼓励地方更多地布局和建设农村电子商务产业园和创业园，在加快发展的同时，借鉴城市电子商务产业园和创业园发展的经验，进一步规范农村电子商务产业园区和创业园的建设标准，吸引农村电子商务全产业链各个节点的服务企业、机构和电子商务平台，外引内培，让更多的电子商务产业链中的各专业人才走进农村发展电子商务，实现电子商务运作各个产业链的功能，包括品牌的集聚推广、供应链的整合、冷链及

物流集聚、电子商务运营服务、人才培养和集聚。

（2）线上线下融合发展上升到更高的层级。2017年的"一号文件"中对农村电子商务新业态的发展提供了新的思路，在推动农村电子商务线上线下互动发展上做了明确的要求，通过线上电子商务的发展吸引更多的消费者走进农村，通过线下的引流，带动线上的农产品销售，让更多的农产品出村进城，也让更多的消费者出城进村，实现农村产业链和价值链扩展，其中把农村产业线上线下融合上升到了中国农村发展更高的层面。在互联网时代，线上和线下单一发展农村产业已经没有市场，必须两条腿同时走路，只要线上和线下高度融合，才能扩大更多的市场，才能实现农村产业的振兴。一方面鼓励更多的电子商务平台和大型电商企业充分发挥自身的电商优势，从线上走进线下，走进农村。另一方面让更多的农村合作社、农场主、种植户和农村企业把传统的生产、加工和销售的渠道融入电子商务。

（3）相对于工业品下行，对农产品上行更加重视。农村发展电子商务主要有两条主线，一条是工业品下行，一条是农产品上行。工业品下行能够有力地提升农业经济发展的效率和成本，中国农村具有庞大的市场，对于各个电子商务平台和电商企业，都无法忽视农村的电子商务市场，因此，各个电商平台和企业都投入了大量的资源和资金开拓农村市场，工业品下行的发展也取得了长足的进步，对于中国的电子商务发展也作出了巨大的贡献。但对于农村产业的振兴而言，农产品的上行比工业品的下行更为重要。农村的振兴、农村产业的振兴和农民的致富都需要大力发展农产品的上行。"一号文件"对农产品的上行也提出了更好的要求，文件要求必须结合农产品的特点加快速度建立系列的农产品电商发展的标准体系，包括农产品的质量体系、品控标准、农产品的溯源体系，等等，同时结合农村电子商务发展的情况，鼓励更多的地方政府和电子商务平台和企业合理建设县域"县—乡—村"三级电子商务服务站。

（4）为农村电商物流的建设提供更多的支持。无论是工业品下行还是农产品上行，都离不开快速、便捷、低成本的物流。特别是针对农产品上行，对物流的要求更高，农产品中更多的是生鲜类的产品，在存储的过程中需要冷链，运输的过程需要安全和保质。农村物流建设本身就存在很多的不完善，相对于城市而言，农村的物流体系建设更加困难，需要投入的资源更多。仅仅靠电子商务平台、第三方物流企业自发的投入远远不够。需要政府层面提供更多的支持和统筹，"一号文件"中提出，对现有的农村物流资源和体系进行整合，加快县到乡，乡到村的三级物流体系建设，在软硬件和物流人才上投入更多的资源，实施物流下乡工程，加强农产品产品质量的控制标准建设，加强农产品的整合，解决农产品单一、分散，无法大批量提供农产品的现象；加强农产品保存和运输过程中的冷链物流建设，重点建设冷链物流的基础设施和网络。

（5）对农村电商生态体系的建设更加重视。农村电子商务的发展刚刚起步，更多的是单一的分散的行为，没有达到集聚的、完整的、有组织的电商氛围，农村的电商生态体系较为薄弱。一个行业的发展，离不开生态体系，特别是农村电子商务行业，面对本身就薄弱的农村电商，加上电子商务的快速发展，专业化的程度越来越高，无论是基础设施、交通物流、电商服务还是电商人才都急需大力加强。单靠个人的行为农村电子商务根本无法发展，"一号文件"着重就农村电商生态体系的建设提出了更高的要求，包括进一步加强农村电子商务的网络基础设施建设。

相对于 2017 年，2018 年中央一号文件重点部署乡村振兴，主要围绕这十件大事展开。

鼓励工商资本下乡，同时强调保护好农民利益，提出鼓励社会各界参与乡村建设，对焦点的农地问题作出改革新举措；农民进城后，村里的房和地还能留，值得注意的是，在推进农村电子商务全面发展上，也给出了具体目标：在全面推进电子商务与一二三产业融合发展体系中，如何加强农产品生产过程、产后分级及品控、冷链保存、包装、品牌建设、推广营销、后续服务和产品溯源，中央一号文件都做了更为细致的部署。在系统的理清农村电子商务发展的重点突出问题的基础上，重点要求完善农村电子商务的服务功能和与农产品相关的仓储、冷链和物流传输能力，全力打造结构合理的、功能完善的农村电子商务三级公共服务平台、农产品冷链体系和农产品物流体系，建设具有更为广泛的系统的农村电子商务基础设施；进一步实施电子商务农村综合示范建设，鼓励整合单一的、分散的个人行为，建设创新的信息农业产业模式，以适应和融合互联网的发展。

2019 年中央一号文件在发展电子商务上，其重点为实施数字乡村战略。在建设电子商务生态体系的基础上，持续深入推进"互联网 + 农业"，进一步深入实施"互联网 +"农产品出村进城工程，同时扩展"互联网 +"服务功能，依托"互联网 +"推动公共服务向农村延伸，实现农村治理的现代化，基本实现农村各行政村低成本的最新网络技术和移动通信技术的全覆盖。

二、发展农村电子商务的政策和措施

为了加快发展农村电子商务，实现融合互联网、电子商务，实现农村产业振兴和乡村振兴，国务院专门出台了促进农村电子商务加快发展的指导意见，在指导意见中明确提出到 2020 年，要进一步抓住"互联网 +"的重大发展机遇，充分融合互联网，实现互联网与农村全面而深度的融合，特别是实现农村电子商务与农村一二三产业的深度融合，建立一套高效、安全、环保、便捷，同时服务功能完善的农村电子商务综合体系，让更多的青年返乡创业，也带动更多的农民创业就业，在扩展农村消费市场的同时，实现更多的农产品上行，通过互联网，通过电子商务，实现线上线下深度融合，改变农村传统的生活、生产和消费方式。

（一）培育更多专业的农村电子商务发展的市场主体

农村电子商务发展的主体很多，包括政府、电子商务平台、企业、农村、农村合作社、农民，等等，各个主体自己分工不同，因此，必须理顺众多的电子商务发展主体，明确各自的分工和责任，培育真正的农村电子商务发展市场主体，政府不能越俎代庖，要各自发力，发挥各级政府、传统涉农企业、电子商务第三方平台、第三方物流公司、农村合作社、种植户及个体农民等各方的作用，形成合力，鼓励多方合作和资源整合，优势互补，内培外引，培育更多专业化并且可持续发展的农村电子商务主体。

（二）扩大"互联网+"和"电子商务+"的效能和运用

农村电子商务发展，不仅仅从消费者的层面去考虑，不仅仅是培育和扩大消费市场和消费者的问题，也不仅仅是让更多的工业品下乡的问题；实现农村产业振兴和乡村振兴，扩大"互联网+"和"电子商务+"的效能和运用中最关键的是，通过"互联网+"和"电子商务+"革新农村的治理方式、改变农民的思维方式和扩大农产品的销售，发掘当地特色农产品，通过互联网，通过电子商务让农产品进城，走进千家万户，实现农产品上行。充分利用电子商务平台的大数据，精准而及时地掌握顾客的喜好和需求，让农民不再盲目种植；在乡村旅游的市场上，可以充分实现线上线下融合，扩展"互联网+旅游"的新模式。

（三）提升电子商务整体环境

重点加强农村电子商务的软环境建设，包括培养和引进更多的电子商务专业人才，包括加大培训力度，培养更多的本地电子商务专业人才，加强政策支持力度，不断提升乡村的生活环境，让更多的专业人才愿意留在农村，愿意创业在农村。

2015年国务院专门出台了《关于大力发展电子商务加快培育经济新动力的意见》，要求全面并及时了解农村电子商务发展过程中存在的主要问题和制约因素，加大整合包括第三方电子商务平台、涉农企业、第三方物流企业和金融机构等各方资源的力度，抓住阻碍农村电子商务发展的主要矛盾和关键问题，系统性地提出解决方案，整体性地解决农村电子商务发展的主要矛盾和关键问题。具体的举措包括：一是鼓励更多的企业、农户投入到农村电子商务产业链中，通过大力降低企业、农户准入电子商务的门槛，在公平竞争的前提下，尽可能大幅度降税减负，引导更多的金融服务机构，在涉农电子商务发展的市场主体加大金融服务支持，营造宽松的农村电子商务发展氛围和环境；二是积极鼓励农村电子商务完整产业链的发展，提供更多的农村电子商务领域的就业岗位和创业机会，让更多的新农人、返乡青年、大学生投入到农村电子商务发展大潮中，同时提供更多的人才扶持政策，加强电子商务的专业培训，提供更多的生活环境和创业氛围，让农村引得入、留得住农村电子商务专业人才；三是推动传统商贸流通企业转型，加快发展电子商务的力度，规范网络化金融服务新产品，引导传统的涉农企业和农村、农民转变思想观念，融合互联网、融合电子商务，推动转型升级，发展农村电子商务，创新农业生产、加工和销售方式；四是结合当地区域和农村产业发展的特色，合理布局农产品集聚中心、农村电子商务服务体系、农产品仓储、冷链和物流体系，支持物流配送前端、终端和服务端各平台的功能设计和建设，加大智慧物流和现代冷链物流建设，进一步完善物流基础设施。其中在积极发展农村电子商务中重点为出台支持政策措施，加强互联网与"三农"的深度融合发展，推荐农产品标准化建设，同时开展电子商务进农村综合示范建设，促进农产品通过电子商务走出去。

2015 年国务院在《关于积极推进"互联网+"行动的指导意见》中鼓励互联网企业建立农业服务平台，加大和支撑涉农专业大户、农场、涉农企业和农民合作社等各类农业种植、生产、加工和销售主体，实现农业生产由生产导向向消费导向转变，推广成熟可复制的农业物联网应用模式，深入推进信息进村入户试点，充分利用现有互联网资源，构建农副产品质量安全追溯公共服务平台，推进制度标准建设，优化农村电子商务发展的环境，助力电子商务平台、企业、机构和电子商务专业人才进村进户；推动线上线下互动，支持电子商务进农村，让农产品进城市，扩大农产品的消费市场、激发更多的农产品的消费潜力，通过电子商务提升农产品网络销售渠道和消费者消费的便捷性和安全性；在发展国内农产品消费市场的同时，鼓励发展跨境电子商务，通过电子商务平台扩展海外市场。

2015 年商务部等 19 部门联合印发了《关于加快发展农村电子商务的意见》，意见指出，近几年来，随着国家及各级政府的高度重视，我国农村电子商务的发展取得了长足的进步，总体发展速度很快，融合互联网振兴乡村取得了很大的成果，农村的互联网普及得到了根本的提升，农村电子商务发展相关的基础设施得到了根本的改变，农村治理、农业发展和农村的商业模式得到了很大的创新，降低农村物流成本、带动农民就创业人数、增加农村收入等取得的成效明显，但是总体而言，相对于城市的发展，我国农村的电子商务发展依然处于初级阶段，制约农村电子商务发展的因素还很多，交通物流、冷链仓储和人才培育都需要进一步的提升，结合互联网创新农村治理和农业商业模式的力度还需要更大，配套的基础设施和环境的投入需要进一步加大，现代化的农产品流通、存储和溯源体系需要进一步健全。

针对这些关键问题，意见从进一步提升农村综合的全面的电子商务应用水平、培育更多的适应中国农村国情的多元化农村电子商务市场主体、在农村电子商务产业链相关的节点上重点加强农村电子商务基础设施建设、创建农村电子商务发展的有利环境等方面提出了具体的举措。

一是鼓励电子商务平台、大型第三方物流企业和传统企业渠道下沉，与现有的农村渠道资源进行整合，优势互补，全力推进传统生产和经营企业主体进一步向互联网和电子商务新模式的转型升级，进一步加大创新力度，进一步加深线上线下的融合。加强县、乡、村三级的电子商务运营中心、服务中心和物流配送中心的建设力度，建立完整的覆盖县、乡、村三级的电子商务体系。以农特产品上行为重点，培育更多的农特产品品牌，线上线下融合，拓展体验式的电子商务和乡村旅游，带动农村第一二三产业的整体发展。进一步增强乡村一级的电子商务综合服务系统及功能的建设，实现城乡互补和融合发展。

二是支持和鼓励各类社会资本合作，实现资源整合，共同投入到农村电子商务的建设，引导更多的电子商务专业服务企业和机构下沉农村，开拓农村业务，支持组建各类协会和行业组织，共同开展农村电子商务咨询、电子商务培训、网络品牌培育、产品控制、运营推广等服务，培育一批真正懂农村、懂农民、懂电商并且对农村有感情且愿意扎根农村的电子商务服务企业。同时支持鼓励更多的农村妇女、进城务工人员、退伍军人、大学生、农村致富带头人和乡村干部了解电子商务，掌握电子商务技能，投入到农村电子商务发展的大潮中。

三是在建设农村基础设施的同时重点建设发展农村电子商务相关的设施，重点在物流、仓储、冷链、交通、网络建设等方面加大力度，提供农产品的集散、加快网络速度、提高农产品的冷链保存、降低农村物流的成本、提高农村物流配送速度和能力。建立符合农村的农产品仓储配送体系，加快完善县乡村三级物流体系基础设施网络的建设，打通农村电子商务"最后一公里"。

2017年商务部和农业部共同印发了《关于深化农商协作大力发展农产品电子商务的通知》，通知要求一是开展农产品电商出村试点。着力解决制约农村电子商务发展的瓶颈和制约因素，重点开展农产品进城和上行，加强农村电子商务发展标准化建设和农产品的品牌化建设，努力延迟农村电子商务的产业链和价值链，提升农产品的附加值，提升涉农企业和农民的收入，在农产品标准化、品控标准化、仓储和冷链标准化、物流包装和配送方面加强建设，打造一批有区域特色、文化特色的农产品网络品牌，实现农产品品牌化、信息化、个性化、规模化，促进农民就业创业，让农民增收致富的同时提升农村的管理水平和生活质量。二是打造农产品电商供应链。以龙头企业和专业运营公司为主体，带动新型农业经营主体和分散农户参与，通过电子商务平台大数据掌握产业发展动向和消费者喜好，增强农业生产对接市场需求的能力，通过平台大数据反哺和指导农民、涉农企业和农村合作社开展农产品种植、加工、开发和包装，满足消费者个性化、多样化、即时化、品牌化的消费需求，延长农村电子商务产业链。三是推动农产品生产者和消费者的产销对接。通过互联网和电子商务的平台优势，及时掌握和了解大数据，助力农产品与消费者的无缝对接，实现产销衔接，满足顾客个性化、多样化的需求。四是实施农村电商百万带头人计划。进一步加大外引内培的力度，大规模地开展电子商务专业理念、基础操作、技能提升等培训，包括开展农村致富带头人、退伍军人、返乡创业青年的系列电子商务培训，培育一批懂市场、懂电商、懂农村、懂农业、懂互联网的技能人才。五是提高农村电子商务全产业链综合服务能力。必须围绕如何扩展农产品全面上行开展工作。六是强化农产品电子商务大数据发展应用。电子商务平台最有价值也是最核心的就是平台数据，在发展农村电子商务的过程中，必须充分使用电子商务大数据的相关分析，精准施策，精准布局，农户和顾客深度对接，产销深度对接。七是大力培育农业农村品牌。重点做好"一村一品""一村一特"建设，结合电子商务，利用电子商务元素着力打造农产品的网络品牌，提升相关产品的美誉度和知名度。八是健全农产品标准化建设，提升顾客的信任度。

三、国家级电子商务进农村综合示范县工程

农村电子商务综合示范工作以习近平总书记关于扶贫工作的重要论述为指引，2014 年商务部印发了《关于开展电子商务进农村综合示范的通知》，其中安排中央资金近 50 亿元，建设和完善农村电子商务物流配送体系和综合服务网络，并探索建立促进农村电子商务发展的体制机制及标准化建设，将电子商务进农村作为农村市场体系建设的重要引擎和城镇化建设的重要产业支撑，以示范县带动和引领电子商务在全国各地农村更大范围推广和应用，重点支持中西部地区和扶贫开发重点县，通过发展农村互联网、农村电子商务革新农村现代化治理，促进农村产业振兴和农民增收。电子商务进农村综合示范县聚焦乡村振兴和精准扶贫，以农业供给侧结构性改革为主线，以创建农村电商综合示范升级版为抓手，加强农村流通设施建设，补齐农村电商供应链短板，提升公共服务水平，探索数据驱动，促进产销对接，构建普惠共享、线上线下融合、工业品下乡和农产品进城畅通的农村现代流通体系，加快农村电商转型升级和提质增效，促进农村一二三产业融合发展。

具体的建设原则为：

（1）市场为主，政府扶持。建立完善以社会化服务为主体的农村电商公共

服务体系,充分发挥市场在资源配置中的决定性作用,突出企业的主体地位,激发各类市场主体活力,加快转变政府职能,发挥政策催化作用,促进资源优化统筹。

(2)统筹规划,创新发展。主动适应供给侧结构性改革,将创建农村电商综合示范升级版与实施乡村振兴战略、全域旅游开发等有机衔接,充分发挥"互联网+""智能+"在优化经济结构、促进产业转型升级中的特殊作用,促进城乡互补、农商互联、农旅互通和商旅互赢。

(3)因地制宜,培育特色。结合当地产业结构、人文环境和资源禀赋,深化电商在农业农村的应用,加强品牌培育,提升标准水平,提高品控能力,推动电商与特色产业、乡村旅游、民俗文化等地方优势产业有机融合,形成农村电商可持续的市场化运营机制,探索具有县域特色的电子商务发展路径和模式。

(4)以点带面,示范推广。立足"消费品下乡、农产品进城"和农村电商需求,精准施策,靶向发力,完善农村流通基础设施建设,促进农业产业链上下游协同合作。加强项目管理和绩效评估,充分发挥示范企业和重点示范项目的辐射带动作用,及时总结经验,做好示范推广。

2014年确定河北、黑龙江、江苏、安徽、江西、河南、湖北和四川等8个省为试点省份,立项建设56个示范县。2015年在26个省份立项200个示范县建设,具体开展示范县农村电子商务市场经营主体的培育工作、农村电子商务服务体系建设,通过农村电子商务发展的基础设施和发展环境改善,完善农村电子商务发展的总体环境、加大提高农村电子商务运用的能力和运用领域。2016年在24个省份和兵团立项240个示范县建设,重点开展促进工业品下行和农产品上行的农村物流服务体系建设和农村公共服务体系建设,全力推动第三方物流服务公司下沉农村,建设县、乡、村三级物流服务网络,推进农产品品控、冷链、溯源、标准化建设,重点开展网络品牌和农村电子商务专业人才培育。

2017 年云南省大理州、临沧市、昆明市、昭通市、保山市、迪庆州、曲靖市和贵州省铜仁市等 8 个地级市成为综合示范整体推进市。经过竞争性选择，在 21 个省份和兵团立项 260 个示范县建设，其中贫困县数量为 237 个县、欠发达革命老区县数量 23 个，综合示范县全力向贫困县和欠发达革命老区县推进，致力于脱贫攻坚战。重点开展农村产品上行，县乡村三级电子商务公共服务中心和县乡村三级电子商务服务站点的建设和农村电子商务培训。全力支持农产品种植、质量控制的标准化建设，重点开展具有地域特色的农产品品牌建设，进一步完善农产品质量溯源系统建设，全力打造县乡村三级物流配送体系建设，为农产品上行提供全力保障，同时资金投入农产品上行的比例不得低于 50%。

2018 年财政部、商务部、国务院扶贫办要求在全国首先培育一批电子商务进农村综合示范县，鼓励先行先试，重点扶持集中连片贫困地区采取地级市整体推进的方式开展综合示范工作，同时希望培育能够发展得好并具有典型带动和复制作用的示范县，在工业品下乡扩大农村消费市场，特别是在农产品上行，拓展农产品销售渠道和市场，带动农民在电子商务新商业模式中就业和创业，多方面提升农民增收。同时要求在农产品上行、供应链整合、物流仓促、冷链、品牌培育、公共服务等方面提供政策倾斜。

2018 年共评选出 260 个"电子商务进农村综合示范县"，并且已经进入实施阶段。重点支持以下方向。

（1）拓展农产品销售渠道和市场，促进农村产品上行。拓展农产品销售渠道和市场，促进农村产品上行是农村建设、农村产业振兴以及农民增收致富的关键。电子商务进农村综合示范工作的重点就是支持和鼓励农村产品通过电子商务新渠道，及时掌握平台动态数据，对接顾客需求，实现产销对接，从农产品种植到销售全方位融合电子商务，打造农村电商多元化供应链，解决农产品上行过程中牵涉的各个环节，在农产品选择、产品整合、供应链管理、冷链保存、包装物流、运营推广等各个节点加强基础设施建设，重点支持建设县乡村三级物流配送体系、电子商务公共服务中心和服务站点建设，引入更多的农村电子商务全产业链的专业服务机构，助推农村电子商务快速发展，打通农村电子商务运营、旅游、物流、培训和助农扶贫工作。

（2）培育本土电子商务专业人才，开展农村电子商务系列培训。重点打造一支本土化的，了解农村、喜欢农村的电子商务专业人才，对基层党政干部、种植户、合作社员工、返乡青年、农村创业者、农村妇女等开展初级、中级和高级电子商务培训，完善培训后服务机制。

2019 年经过竞争性选择，在 28 个省份立项 215 个示范县建设，其中贫困县数量为 138 个，实现了对剩余有条件的 94 个国家级贫困县全覆盖。重点支持农村流通基础设施、农村电商公共服务体系和农村电子商务专业人才的培育工作。支持建设农产品标准化、冷链保存和物流配送等基础设施，支持农村传统企业、合作社和种植户向互联网转型升级。

（一）国家级电子商务进农村综合示范县申报条件

（1）机构健全，统筹规划。县各级政府对农村电子商务认识充分，县委或县政府主要领导牵头负责农村电子商务发展，农村电子商务发展工作领导机构和工作协调机制完善，各单位电子商务发展职责明确，有相应的农村电子商务发展配套扶持政策，全力推进电子商务进农村综合示范工作。有明确的电子商务进农村示范工作的牵头部门，工作力量充足，配备有精干专职人员负责电子商务进农村工作，县域成立有电子商务协会等社会团体服务机构。

（2）有一定的农村电子商务基础。整体的县域农村电子商务相关的配套设施有较好的基础，有电子商务孵化园并发挥功能。具有一定的农特产品区域优势，特色的产品较为丰富。

（3）有较为完备的农村物流体系建设方案。总体对应的农村物流配送网络有较好的软硬件基础，县级、乡级、村级三级物流配送体系有一定的基础，已建有镇村电子商务服务站点，规划行政村覆盖率达到 50%，拥有一定数量的物流快递、电子商务企业和服务机构。能够有效破解农村电子商务"最后一公里"的物流瓶颈问题。

（4）有多元化的电子商务实施主体。电商商户数量多，增速快。积极利用知名平台开展经营，农产品线上销售规模大，增速快，农产品"三品一标"推进有力，产品竞争力强，有品牌产品。有一定的县级、乡级、村级三级物流配送体系（见表2-1）。

表2-1　电子商务进农村综合示范县竞争性选择评审标准

序号	项目	评价要点	分值
1	机构设置和政策配套（15分）	县级人民政府成立以主要领导为组长的县域电子商务发展工作领导机构和工作协调机制，各成员单位职责明确。	3
		明确有电子商务进农村示范工作的牵头部门，工作力量充足，配备有精干专职人员负责电子商务进农村工作，能及时报送相关信息。	5
		县级人民政府出台了扶持电子商务发展的配套政策，有针对性措施推进电子商务进农村综合示范工作。	5
		县域成立有电子商务协会等社会团体服务机构。	2
2	电商发展基础（18分）	有县域内商务、流通、邮政、供销、互联网服务等资源整合方案，拥有一定数量的物流快递、电子商务企业和服务机构。	3
		形成县域电子商务公共服务体系，有电子商务孵化园并发挥功能。	5
		乡村交通、网络、物流配送等基础设施较完备。	4
		有区域特色的农特产品，产业优势明显，有网销需求。	3
		初步开展农产品标准化建设，开展仓储、冷链、配送等基础设施建设。	3
3	物流发展基础（12分）	已建有镇村电子商务服务站点，规划行政村覆盖率达到50%，村级服务站点具备代收代缴、代买代卖、小额信贷、生活服务等功能。	5
		制订有较完善的农村物流解决方案，有效解决农村电商物流瓶颈问题。	5
		县、乡、村三级初步具有服务农村产品上行功能的物流配送体系。	2
4	推动农村产品网络销售（20分）	已建成或具备建立农村产品的标准化、生产认证、品牌培育、质量追溯等综合体系基础。	4
		电商商户数量多，增速快。积极利用知名平台开展经营。	4
		产品线上销售规模大，增速快。	4
		产品"三品一标"推进有力，产品竞争力强，有品牌产品。	4
		电商从业人员和间接带动就业人数近2年内数量增长显著。	4

序号	项目	评价要点	分值
5	专业人才培育（10分）	制定分层分类的电子商务培训，有重点针对涉农机构人员、涉农企业、农村青年、返乡农民工、残疾人、贫困户等的培训计划，年度电商培训目标人数3000人次以上。	4
		已开展结合农村双创和扶贫脱贫、农村产品上行等相关网店开设、宣传推广、产品营销等实操性培训，有下一步培训计划。	3
		培训后效果明显，县、镇两级政府和广大企业、社会公众对电子商务的认识水平提高，应用电子商务的愿望强烈。	3
6	实施方案（25分）	实施方案切合实际，任务明确，措施有力，进度安排切实可控。	4
		拟实施项目论证科学，符合实际，目标具体。	4
		对拟承担项目实施任务的单位提出具体要求，并明确遴选办法和对项目单位的具体工作要求。	4
		保障措施得力，能有效保证整体方案的顺利实施。	4
		投资规模合理，资金来源明确，投资方向符合规定。	4
		有对县域内典型经验和做法进行总结提炼的计划，能组织媒体进行宣传并承诺按要求上报省市材料。	5

（二）国家级电子商务进农村综合示范县申报的主要内容（见图2-1）

（1）县级政府申报。

（2）提交电子商务进农村示范工作县域基础条件。

（3）电子商务进农村实施方案。

（4）农村物流解决方案。

（5）农村产品网络销售方案。

（6）人员培育方案。

（7）其他符合县域实际的工作方案。

（8）相关的承诺书，重点为工作方案和时间表推进工作的承诺。

电子商务进农村综合示范县申报材料要求

一、县人民政府申请。

二、申报示范县有关情况。即：

1.经济社会基本情况。

2.农村电商工作基础。包括领导机构和工作机制建立和职责情况；当地公路、邮路、通信、互联网使用情况、覆盖率，从事电商的企业、人员、重点产业、特色农产品等；农村商贸流通体系建设情况；成立电子商务协会及其运作情况；政府出台的支持电子商务发展金融、土地、税费等政策措施和文件。

3.本县电子商务进农村工作方案。实施电商进农村工作思路、工作内容、推进措施和时间表；选择综合示范承办单位的工作程序和信息公开措施；县域农村物流快递业发展现状、入驻快递企业及物流快递整合方案；农产品上行方案；电商培训计划等。方案必须有具体的项目进度安排、验收程序、资金使用比例等。

图2-1　电子商务进农村综合示范县申报内容和要求

● 附　××县创建电子商务进农村综合示范实施方案

为巩固提升农村电商发展成果，更好助力乡村振兴和扶贫攻坚，根据财政部联合其他部门印发的《关于开展2019年电子商务进农村综合示范工作的通知》精神，结合县域实际，现就创建全国电子商务进农村综合示范，制订如下实施方案。

一、基本原则

1.市场为主，政府扶持

建立完善以社会化服务为主体的农村电商公共服务体系，突出企业的主体地位，激发各类市场主体活力，加快转变政府职能，发挥政策催化作用，促进资源优化统筹。以创建农村电商综合示范升级版为抓手，加强农村流通设施建设，补齐农村电商供应链短板，提升公共服务水平，探索数据驱动，促进产销对接，加快农村电商转型升级和提质增效，促进全县一二三产业融合发展。

2.统筹规划，创新发展

主动适应供给侧结构性改革，将创建农村电商综合示范升级版与实施乡村振兴战略、全域旅游开发等有机衔接，充分发挥"互联网＋""智能＋"在优化经济结构、促进产业转型升级中的特殊作用，促进城乡互补、农商互联、农旅互通和商旅互赢。

3.因地制宜，培育特色

结合县域产业结构、人文环境和资源禀赋，深化电商在农业农村的应用，加强品牌培育，提升标准水平，提高品控能力，推动农村电子商务与特色产业和乡村旅游有机融合，探索具有县域特色的电子商务发展路径和模式。

4.以点带面，示范推广

立足"消费品下乡、农产品进城"和农村电商需求，精准施策，靶向发力，完善农村流通基础设施建设，促进农业产业链上下游协同合作。加强项目管理和绩效评估，充分发挥示范企业和重点示范项目的辐射带动作用，及时总结经验，做好示范推广。

二、工作目标

完善农村流通基础设施，构建农村电商公共服务体系，加大农村电子商务培训，实现全县农村电子商务公共服务体系不断健全，益农扶贫利益联结机制初步建立，网商网销指数全面提升，产业融合更加紧密，致力推动农村电商在深化产销对接和服务乡村振兴等方面取得明显成效，争取本县农村电子商务发展进入全省乃至全国先进行列。

构建城乡双向便捷高效物流体系，原产地和公共冷链物流设施不断完善，农村快递末梢有效延伸，物流成本明显下降，县乡村三级电商服务和物流配送覆盖率达100%。加大优势网货资源整合和供应链打造，有序推进一批农村产品开展源头品控、等级分选、文创包装、"一品一码"、品牌打造等综合服务体系建设，带动农副产品、民俗产品、乡村旅游等网销增长 15% 以上。重点推进网货集散和快递物流中心项目建设，适时启动现代公共服务综合体项目建设，扩容电商发展物理空间，促进电商关联产业集聚。坚持电商人才内培外引，加大网商主体培育力度，扶持跨境电商企稳增长，力争每年新培育线上规模电商企业 5 家以上，全县电子商务交易额和网络零售额年均增长 12.5% 以上。

三、主要任务

1. 完善农村流通基础设施建设

（1）实施产销一体化供应链工程

①支持构建农村产品质量溯源体系。认真实施乡村振兴特色产业发展行动，鼓励县内特色农产品和食品加工等生产经营主体，自主申报"三品一标"，大力推行"一品一码"，积极开展 SC 及 GAP、GMP、HACCP、ISO9000、ISO22000 等相关体系认证，建立源头可查、质量可控、责任可究的农村产品质量安全溯源体系。

②支持农村产品开展网货标准化改造。鼓励县内农业生产企业、专业合作社和家庭农场等生产经营主体，结合商标注册和品牌创建，进一步深化与电商企业协同合作，围绕源头品控、等级分选、集散供应、仓储配送、文创包装、售后服务及利益分配等环节，改造提升农村产品网货标准，变成适合网民消费、网络销售和物流配送的网货产品。

③支持农村产品特色产业全产业链建设。鼓励县内农特产品生产经营主体，构建集生产、加工、仓储、冷链物流、销售为一体的全产业链，建立电商平台，打造线上线下互动营销的产销模式。

④支持中央厨房项目建设。鼓励县内多元投资发展中央厨房项目，创新开发具有本地特色的县域食品，促进本县优质食材、传统工艺和标准生产有机结合，构建"食材供应＋中央厨房＋冷链配送"新型产业链运作模式，为县内及周边提供团餐定制和食材配送等公共服务。

2.实施县乡村三级物流体系改造工程

（1）支持县级物流仓配中心提升改造。坚持市场主导、政府引导，鼓励县内外第三方电商平台、电商企业、供应链企业等入驻企业开展集安全检测、等级分选、网货集散、快递分拨、仓储预冷、生鲜冷链、文创包装、中央厨房、文旅融合、公益扶贫、数据集成等为一体的网货集散和快递物流运营中心项目建设，提升县仓辐射集聚效益，促进电子商务与快递物流协同发展。

（2）完善乡村快递物流公共服务体系。修订县乡村三级物流体系建设标准，加大快递物流资源整合，实现"一点多能、一网多用、多站合一"。

（3）支持农村冷链物流基础设施建设。支持建设产地农产品贮藏保鲜等冷库设施。鼓励城乡要素市场加大城乡公共冷库等资金投入。

3.实施公共品牌打造和市场拓展工程

（1）加大区域公共品牌培育。以开发网货产品和旅游伴手礼为重点，整合供应链、重构区块链、打造透明链和提升价值链。

（2）支持品牌连锁运营发展。采取先建后补、项目申报的方式，鼓励区域公共品牌运营商和加盟商，采取"1+N"连锁经营、特许加盟等模式，在一、二线城市和知名景区，线下开设 O2O 体验馆、旗舰店。

（3）加大品牌宣传和展会推介。通过内涵挖掘和文创提升，引导更多农村产品在包装上加快文创成果转换运用。加大直播、短视频技术运用推广，深化与知名社交平台、新兴媒体等开展"网红直播""橱窗带货"等项目合作，通过创新内容营销和多屏营销模式，促进"爆款产品"卖红走俏，增进网民用户对本县的地域认知、品牌认同和消费认购。鼓励支持农产品经营主体报名参加重要节会展会的对外推介宣传工作，适时组织开展季节性农产品网上促销活动，有效缓解农产品卖难问题。

4.实施电商农旅融合发展工程

（1）支持农旅线上线下融合发展。引导景区深化与电商平台、农产品生产企业协同合作，为游客提供便捷、实惠、优质、高效的线上线下服务。

（2）支持创建网红直播/短视频文创示范基地。整合景区线上线下资源，创新景区营销模式，完善利益联结机制，提升流量变现效应，致力打造集旅游观光、度假康养、消费体验、网红创作、直播培训等为一体的全国网红直播/短视频文创示范基地。

（3）促进乡村旅游营销电商化。加大电商营销推广，加强与旅游导购平台合作，拓展营销渠道。

5. 实施数字运用推广工程

（1）支持"数字农业"平台建设。鼓励涉农部门和农业龙头企业加大互联网、物联网技术运用，规范信息采集标准，开放数据连接端口，共享数字农业成果，积极培育"5G"应用、建模分析、数据集成等典型案例，以信息数据化，促进生产标准化、安全可视化、设施智能化和产品品牌化。

（2）加快线上经济发展。鼓励更多中小企业上"云上平台"；鼓励教育、金融、家政、医疗健康、文化旅游、公共出行等业态经济集成运用新一代信息技术，搭建"互联网+"公共服务平台，加快社会服务在线对接、线上线下深度融合，推动市场化机制缺位、信息化基础薄弱的公共服务领域协同发展。

（3）有序推进数字乡村运用。以支持智慧乡村建设为试点，整合农村淘宝、供销e家、村邮驿站等资源，全面实施农村电商服务下沉计划，致力打造一批可学可看可推广的农村电商一二三产业融合发展示范村。

四、构建农村电商公共服务体系

1. 实施电商园区功能提升计划

以创建国家农村创新创业园区为动力，主动顺应大数据、云计算、人工智能等发展新趋势，优化园区功能布局和集约利用，实现园区配套设施和公共服务提档升级。完善园区约束激励机制，通过扶强育大一批、招商入驻一批、末位淘汰一批等办法，全面提升园区电商集聚规模和效益。针对电商园区服务业态短板，加大平台运营、品牌文创、美工摄影、信用金融等服务采购、招商入驻和实体培育力度，促进电商公共服务社会化、本土化和可持续运营。

2.实施电商益农扶贫攻坚计划

支持农村电商服务站点提升改造，拓展便民利民惠民等增值服务，实现"一站多能""一网多用"，将农村电商服务体系下沉到村。鼓励乡镇依托产业协会或公办企业，围绕"一镇一品"或区域特色产业，开展集体商标注册、品牌文创和网货标准改造。加大电商公益扶贫培训，鼓励电商等企业为贫困户提供就业岗位。

3.实施电商示范基地打造计划

打造一批可复制推广的农村电商示范基地，满足"三农"发展和城乡居民消费升级需求。鼓励支持乡镇、部门及项目实施主体，开展特色商务、商贸物流、农商互联、农旅融合等相关促进电商集聚发展的项目规划编制等工作，新建一批农村电商实训基地、创客空间、体验中心和创业园区，建立健全市场化促进机制，为农民创新创业和农村产业振兴创造基础条件，营造良好环境。

五、组织保障

1.加强组织领导

各乡镇各部门要健全领导机构，明确主体责任，组建项目专班，全程做好电子商务进农村综合示范的组织协调、检查督促和跟踪推进工作。

2.加大政策扶持

全面落实电子商务进农村综合示范各项政策措施，全力扶持和助力电商又好又快发展。

3.强化资金监管

严格遵守国家有关法律法规和财务规章制度，明确专项资金支持对象和扶持范围，规范专项资金组织申报、审核把关、公开公示、拨付程序、验收检查等，全面推行阳光监督，确保专款专用。建立督查考核机制，定期对农村电商综合示范创建工作进行督查，及时收集工作信息，提高专项资金使用效益。

4.做好统计监测

加强电子商务产业统计监测工作，做好电子商务企业信息统计和数据采集，加快构建电子商务统计监测与部门联动机制，深化电商统计分析与数据利用。加快电商领域标准化建设，推动电商协会与电商企业参与农村电子商务各项标准制定。及时有效地打击网络侵权等违法行为，促进县域电子商务健康有序发展。

5. 及时总结推广

商务部门和新闻媒体要及时总结示范创建过程中涌现出的典型案例，多形式、多渠道地加以宣传，不断提升全县电子商务影响力，全力营造政府主导、部门联动、企业主体以及社会各界共同参与推动电商发展的良好氛围。

四、政府扶持农村电商发展路径及策略

与城市相比，农村的电商环境还有些天然弱势：总体而言，基础设施建设薄弱，电子商务专业人才严重缺乏，没有相应的电子商务发展氛围，网络信号不够畅通、宽带普及率不高、快递物流发展滞后、用户缺乏网购经验、农民对互联网及电子商务的敏感度不高、电子商务服务机构缺乏等。这些"短板"单靠几家电商企业、几个农村或者几个农民个体的努力，在短期内显然难以弥补，必须强化政府部门介入，统筹协调、系统规划，整合各方优势资源，挖掘各方动力，协调基础设施、货源、供应链、物流、冷链、人才等软硬件各方面的问题，协助开拓一片新天地。农村电子商务的快速发展，必须要坚持政府引导和统筹、各方主体和社会机构协同推进，以电子商务发展需求为导向，电子商务发展主体市场化运作的原则，各农村结合当地的区域优势是特色，在政府的统筹下，整合各方资源，开展模式创新和发展，建立电子商务基础设施、标准体系和服务体系建设。

农村发展电子商务不是简单的网上购物和拿农产品到网上去卖，虽然农村发展电子商务的核心是"工业品下行和农产品上行"，但远远不止这些，农村发展电子商务的最终目标，是通过融合互联网和电子商务促进乡村的整体发展，通过互联网和电子商务革新农村的治理方式、创新农村产业的商业模式，

最终实现乡村振兴，因此，农村电子商务涉及各个方面，涵盖了农业生产、农产品整合、农产品存储和冷链、农产品物流运输、农产品品牌建设、农产品营销推广、农村旅游和人才培养，等等，因此在发展农村电子商务的过程中，政府需要统筹规划，在各条线上制定一揽子扶持政策，紧抓农村电子商务发展的市场主体，协同配合，在重点突破的同时，全面推进电子商务发展。

（一）政府统筹，市场为主

充分发挥政府的统筹协调能力，在做农村电子商务发展的顶层设计时，要把发展农村电商与农村各行各业相融合，"互联网＋基础设施建设""互联网＋农业""互联网＋乡村治理""互联网＋一二三产业融合""互联网＋旅游""互联网＋乡村振兴"等全盘谋划。积极培育农村电子商务市场各类主体，整合资源，出台力度更大的扶持政策，做好方向性的引导和鼓励，激发农村电子商务各类主体的活力和动力，明确政府、企业、农村、农民等各类主体的分工。在硬件上，要加快推进农村电子商务基础设施建设。统筹构建完善的农村电子商务产业链体系、加快农村网络通信设施建设，加强仓储、冷链和物流体系建设。全力做好互联网及电子商务产业链各节点所必需的基础设施建设，以"互联网＋"整合农村所有资源。努力降低电子商务产业链各节点的成本，建立完备的农村电子商务公共的服务体系、农产品质量品控及溯源体系和物流网络以及建立功能齐全、具有"集聚效应"的农村电子商务创业园或农村电子商务产业园。鼓励各类社会资源，特别是传统的市场资源、企业资源以及电子商务平台和第三方物流企业，互相资源对接和整合，优势互补，建立完善的农村电子商务产业链。在软件上，引进更多的高校、培训机构和电子商务专业人才，建立系列电子商务培训课程体系和培训包，开展分层分类培训，培育更多的懂农村、爱农村的本土化电子商务专业人才，创造更好的生活、创业环境，让更多的电子商务专业人才留得住、用得上。

（二）系统谋划，整体发展

农村电子商务的发展不是单单点的突破，需要的是从政府层面系统谋划，各类主体全面运作，实现整体的发展。首先需要的是整合电子商务平台和成熟的大型企业及第三方物流企业资源下层，让城市的更多电子商务资源流向农村，实现城乡互补，共同发展。其次是需要全面的创新，农村电子商务的发展和城市的电子商务发展各有不同，从城市的角度，基础设施完备、市场庞大、社会资本投入巨大，而农村的电子商务发展，核心是扩大农特产品、文旅产品的市场，需要更多的创新，让更多的农产品上行，让更多的农特产品通过电子商务出村进城，让更多的农民通过电子商务就业和创业，实现增收。发展电子商务，需要主动改变传统的发展观念，主动适应和融入互联网的发展大潮，充分利用当地的特色资源和产品，积极融合互联网和电子商务，用互联网的思维改变传统的种植、存储、运输、销售和旅游模式，进行商业模式的创新、管理模式的创新，甚至实现整个农村治理模式的创新，用电子商务来促进农产品的销售，更让电子商务的平台大数据来指导农产品的种植，全面运用电子商务数据指导农业生产和销售，真正利用互联网，促进农村第一二三产业的高速发展，实现全面的农村现代化建设。

（三）因地制宜，打造特色品牌

农村电子商务必须要走特色发展之路和品牌发展之路。要充分发掘本地区农村的特色产品，整合当地的特色人文环境，整合产品，创建特色品牌，合力推广，提升产品的附加值，鼓励和支持更多的传统农村经营主体通过电子商务开拓市场。

（四）全面推进，重点突破

农村电子商务发展的产业链节点众多，围绕农村电子商务发展产业链上的关键节点和环节，需要重点突破，特别是农村电子商务发展的产业链中薄弱的节点，以此带动农村电子商务产业的整体推进，整合各方资源集中力量开展包括县乡村三级物流网络的建设、农产品存储的冷链系统的建设、电子商务服务机构的引进和创建以及电子商务专业人才的培养和引进。完善当地农村电商产业链、生态圈，培育和发展农村电商服务业。加快推广农产品溯源体系建设。

加大农产品的产品质量控制、产地溯源等建设力度，在扩展农村电子商务市场的同时，进一步规范农村电子商务消费市场，在农产品上行的过程中，加大种植过程、加工过程、存储过程、冷链过程和运输过程等重点环节的质量监控，保障产品质量和网民消费权益。

第三篇　县域篇

一、县域电商及县域电商顶层设计

县域电子商务的发展，首先要做好顶层设计和总体布局。县级党委、政府、乡级党委、政府对电商重视程度决定了该县电子商务发展的走向和发展的速度，因此，首先县、乡、村三级党委和政府必须精准了解电子商务的发展现状和发展趋势，无论是认识高度还是精度都至关重要，只有熟悉电子商务，才能做好本县的电子商务发展的顶层设计和总体布局，才能精准地推进县域电子商务的快速发展。电子商务离不开政府，又不能完全依赖于政府，积极培育更多的电子商务发展各类市场主体，在动力较弱的情况下，政府可作为第一推动力发挥作用，但要从政府主导企业主体转变为市场主导企业主体。县域电商又是一个系统构架，需要很多的环节，其中政府、市场、电子商务运营主体以及电商服务商是最基本的。政府的引导，电子商务的核心运营主体的投入、服务商的衔接，市场的主导作用，缺一不可。电商服务商是衔接政府和市场的一座桥梁，决定了县域电商的生态，资源的落地对接以及县域电商的顶层规划。通过政府、电子商务运营的各类主体、第三方的物流企业以及第三方服务商优势互补，共同打造县域电商的集聚效应，由此可以看出第三方服务商的重要性。

在互联网和电子商务大发展的背景下，在生产制造方面，传统的大生产方式已经被彻底颠覆，"小批量、个性化、多样化、快速反应"成为普遍的市场需求。顶层设计要结合当地区域的特色情况，充分考虑当地的农村电子商务基础设施建设情况、当地的电子商务发展基础，当地的特色产业和特色文旅资源，打造个性化的特色品牌。因为县域电商的任务就是通过互联网、电子商务创新县域的发展模式和治理模式，通过电子商务的发展带动县域的就业和创业，在实现增岗增收的同时，促进信息流、资金流、商流和物流等四流的聚集和快速流通，扩大农民的就业岗位和创业机会，提升农民的收入，最终推动农村治理现代化和县域经济创新发展，特别是依托于直接与消费者零距离接触的互联网、电子商务品牌产生的即时海量的精准大数据反哺农业的发展，利用互联网和电子商务平台数据反馈和指导农民精准生产、加工、包装等各个环节，以满足消费者个性化多样化的需求，倒逼"精准农业"形成。顶层设计要素主要为：

（1）促进农产品流通和农村电子商务全方位应用；

（2）引导各行各业电子商务新业态的应用；

（3）促进农产品进城市进社区应用；

（4）促进电子商务软硬件基础设施的建设；

（5）促进电子商务在农村治理的应用；

（6）促进城乡融合互联网创新发展模式；

（7）推进电子商务服务业应用发展；

（8）开展电子商务与物流快递协同发展；

（9）推动跨境电子商务健康发展；

（10）健全电子商务标准体系；

（11）加强电子商务统计和信用体系建设；

（12）加强电子商务服务机构的培育；

（13）加强县乡村三级服务机构、物流体系的建设；

（14）加强电子商务专业人才的培育。

从各地县域电商发展的实践来看，起步阶段的共同经验有以下几条：一是以政府的全面推动为主，坚持一把手工程，全面整合各个政府部门，开展系统化的工作推进。二是在市场主体培育方面，一定要坚持人才当先，尤其要以青年为主体，往往有"给点阳光就灿烂"的效果。县域电商发展起步阶段应注意五个方面：一是以破解认识问题为前提，到底电商是什么，县域电商是什么，认识清楚再决策；二是以把好发展定位为基础，明确本县域的优势和特色，必须考虑清楚，将电子商务发展的特色和优势充分融合，然后科学定位；三是以打造电商生态为关键，电商是系统工程，单个环节突破较难，就像种庄稼，种容易，而营造一个好的土壤与光热水环境不容易；四是以加强人才培养为要务，大量引进人才，形成"蚂蚁雄兵"态势；争取引进人物，引领电商发展；坚持细分理念，不断提升培训质量和培训后续的跟踪服务，电商让政府怎么办政府就怎么办，学会用供给侧改革推动电商健康发展。

● 附 ××县电子商务产业发展工作实施方案

为加快我县电子商务发展及应用，促进产业结构转型升级，优化电子商务发展环境，根据国务院《关于大力发展电子商务加快培育经济新动力的实施意见》要求，为抢抓电子商务发展新机遇，培育经济新动力，促进本县经济快速、健康发展，结合本县电子商务发展实际，制定如下实施方案。

一、总体思路

按照全面建设小康社会目标和新型工业化、信息化、城镇化、农业现代化同步发展的总体要求，以电子商务进农村综合示范县建设为抓手，坚持"企业为主、政府推动、市场运作、合作共赢"的原则，依托产业优势，强化政策支持，完善支撑体系，优化发展环境，着力提升电子商务应用水平，促进网络经济与实体经济深度融合，推动我县电子商务快速健康发展，为全县促消费、稳增长、调结构、惠民生注入新活力，助力大众创业、万众创新。

二、基本原则

（一）产品线和产品县结合

依托本县农村经济基础，发挥本县农特产品资源、旅游产品资源和人文历史环境等的独特优势，高标准、高质量、高水平推进电子商务建设工作。结合本县农村经济社会发展水平、人文环境和自然资源等基础条件，认真研究，着眼长远，理性推进，远近结合，分期实施。注重发挥基层的自主性、积极性和创造性，探索具有本县农村特色的电子商务发展路径和模式。

（二）统筹规划、分步实施

立足本县经济社会发展现状和农产品电子商务发展需求，与农村商品流通服务体系建设试点、乡村旅游、美丽乡村建设进行有机结合，深度融合本县区域特色和建设规划，分年度分步骤推进实施。

（三）政府主导、企业主体

坚持"政府引导、企业主体、产业联动、创新发展"原则，改善本县农村电子商务发展氛围和发展环境，充分调动和发挥流通、电商、物流、邮政、金融、通信等行业在电子商务进农村中的示范带动作用，全面提升农村现代化流通水平。充分发挥市场在资源配置中的决定性作用，突出电商企业的主体地位，提高农村电子商务的可持续发展能力，进一步完善政策、优化服务、加强监管，加快转变政府职能，做好引导和扶持。加强基础设施建设，促进资源协作统筹，建立完善农村电子商务公共服务体系，为农村电子商务发展营造平等参与、公平竞争的环境，激发各类市场主体的活力。进一步压实各主管单位主体责任，强化绩效管理，推动政策发挥实效。

（四）整合资源，完善功能

坚持与旅游、文化、生态产业发展和美丽乡村建设相结合，做到增量投入与存量整合有机结合。鼓励商贸流通企业广泛应用电子商务，实现线上线下结合，发展网上交易；推动电子商务与农业、旅游、文化等产业的融合与发展。

（五）助力扶贫，靶向发力

深入领会习近平总书记新时期扶贫开发重要战略思想，充分发挥农村电子商务助力脱贫攻坚作用，重点支持我县物流、培训、供应链、品牌等项目建设，向具备条件的贫困村倾斜，补齐农村流通设施短板，完善农村电商公共服务体系，促进产销对接，培育带动贫困人口脱贫的经济实体，加大对建档立卡贫困户的帮扶力度。

（六）挖掘潜力，创新提升

着力挖掘全县农村电商发展潜力，加强农村产品的品牌培育、标准化提升、生产品控等，推动电商与特色农业、乡村旅游、民俗文化等地方优势产业的有机融合。鼓励电子商务发展模式、关键技术创新，深入拓展电子商务在各领域的应用，推动电子商务全面融入经济社会发展。强化数字乡村建设，以数据驱动为核心，面向"三农"创新大数据、云服务、智慧物流等技术的应用。加强创新孵化的引导和接入，总结推广成熟经验。

三、工作目标

全面实施本县电子商务进农村综合示范建设目标任务，培育一批在县内较有影响力、能实现网上交易业务的行业电子商务企业，实现电商线上销售1500万元。建设整合本地特色产业的网络销售平台，建设县、镇、村三级物流配送体系。建设镇村电子商务服务站（点），电商培训2000人次以上。建立电子商务促进三产业融合发展机制，结合全县特色打造"电子商务＋一二三产业联动""电子商务＋乡村振兴"典型模式，赋予电子商务内生发展能力，形成良好的电子商务发展环境和氛围。

四、主要工作任务

（一）扩大本县特色商品网络营销领域

本县特色商品资源丰富，主要分为酒类、果蔬业、茶叶、中药材、特色食品、旅游工艺品等产业，通过试点示范工作，促使各个层级参与网络销售。

（二）推进特色产业和特色产品网络销售

本县特色产业和特色产品，包括银饰、中药材、茶叶、米粉、舞阳红桃、家具、根雕等产品。目前，本县许多文化产品和特色食品企业已在淘宝、天猫、京东、壹号店等平台开设网店，实现线上线下融合发展，努力扩大销售，市场潜力巨大。建立以1个县域公共品牌为核心，5个农、文、旅品牌为基础的县域公共品牌体系。推动特色农业、乡村旅游、民俗文化、电商扶贫等有机融合，打造四好农村路精品乡镇品牌展示线路、三变五合示范村精品乡村品牌。组织参加知名展销会、推进农村产品进入大城市商超等线下市场，在一线电商平台组织本县品牌展销活动。

集中打造网上展示大厅，提高农村产品网络销售的公信力、信誉度和美誉度。引入主流媒体，重点在线上进行主题策划、活动策划、媒体策划、品牌塑造、形象打造、市场监测，进行推广宣传，完成电商媒体渠道维护和拓展。

（三）促进旅游电子商务发展集聚

充分发挥我县旅游资源优势，建立旅游要素完整的资源数据库和具备在线交易功能的电子商务平台，支持旅游企业和商务网站运营商建立面向代理商的分销系统和面向旅游者的在线销售系统，发展旅游搜索引擎、景区智能化数字化管理、门票支付、手机支付等新型营销模式，提升旅游营销水平。

（四）加快构建电子商务产业体系

建设电子商务公共服务中心。依托本县电子商务公共服务平台，进行电子商务公共服务中心建设，选择当地电商服务企业或引进代运营机构作为中心实施服务主体。中心针对主管单位、生产企业、流通企业等不同需求以及区域电子商务发展的关键因素，提供"技术支持＋信息服务＋营销推广＋管理咨询＋其他增值业务"等功能于一体的电商体系化支撑服务。

（五）电子商务乡镇级、村级服务站

结合"美丽乡村"建设规划，充分整合扶贫、科技、供销、邮政等部门的资源，优先在示范中心村和"一村一品"示范村利用现有的村民活动中心、农村青年创业基地等资源建立综合服务站，具备区域服务中心功能。指导农村开展电子商务，为村民提供网购网销服务，并不断完善充值缴费、旅游、电子结算、信息发布和取送货等服务功能，打通农村流通"最后一公里"。

1.县级公共服务中心升级运营

升级改造电子商务公共服务中心，增设产品中心、单品管理中心、品牌中心、二维码中心、质量追溯中心、订单中心、客服中心、O2O展示销售中心等子中心。为入驻企业和个人提供技术支持、培训孵化、产品对接、品牌建设、金融信用、企业注册等增值服务；搭建线上服务管理系统和大数据系统，线上服务管理系统具备电子商务咨询、统计分析、远程培训、企业展示等功能。

进一步整合政府资源、行业资源、第三方服务商资源。统筹物流、站点、营销、供应链、培训体系建设运营。强化电商发展氛围营造和宣传，组织开展网上创业创新项目大赛、电商沙龙等各类电商文化活动10场，挖掘和培育一批优秀网商、典型案例，通过政府网站、电视、报纸、微信等渠道进行宣传。

2. 乡镇村级服务站点升级运营

对乡镇站点和村级电商服务站点进行提升改造，主要包括站点选址、选择站长、站点装修、设备投入、站点运营等。服务站定期向县级公共服务中心报送信息，建立日常网络安全管理、台账管理、货物配送等制度。服务站具备入户宣传，网上代买代卖，便民服务（网络缴费、车票代购、本地资讯等），创业服务（创业就业学习），生产服务（农业生产资料销售、培训）等增值服务。

（六）区域O2O电子商务平台

在电商互联的大背景与大趋势下，电商化已成为传统的商贸流通企业、物流企业等转型升级的重要途径之一，通过O2O电子商务平台，结合农村商品流通服务体系试点的网点门店、仓储物流、乡镇商贸中心等资源，开展网订店取、网订店送业务，线上交易线下结算，线上消费线下体验，统一业务流程、统一营销推广，最终提升品牌商的市场价值。促进与龙头电商企业进一步深化企业O2O电子商务运营，依托其所提供的物流、仓储、展示、培训、孵化及配套服务资源，做实电子商务进农村的落地支撑。

（七）电子商务集聚区

加快本县电子商务生态（孵化）产业园等项目建设，打造独具本县魅力、彰显本县特色的电子商务产业示范基地，形成特色明显、产业链清晰、服务体系完善的电子商务产业集聚区，培育现代电子商务产业集群。

（八）建设电子商务交易保障体系

推进农产品标准化和品牌化。发挥生态优势，通过发展现代农业、建设美丽乡村、拓展"一村一品"。

（九）完善电子商务物流服务体系

1.对物流配送中心进行升级改造，完善物流配送功能

继续整合县域内物流资源，优化增设县城到乡村的三级快递配送线路及网点，缩减运输时间及运输成本，支持配套物流服务相关设施设备。

（1）组建县域农村电子商务物流配送运营团队。由政府通过招标方式确定的中标物流企业，作为县、乡、村三级电子商务物流配送服务承办企业。在此基础上，以承办企业为主体，组建农村电子商务物流配送团队，加强与县域内外物流企业合作，建立健全县、乡、村三级电子商务物流配送制度。

（2）县域农村电子商务物流配送中心建设。由承办企业在县级农村电子商务公共服务中心选址或另行选址，先期租用、改造装修场地2000平方米左右，建设县域农村电子商务物流配送中心，引进物流专业技术人员，招聘专兼职工作人员，配置卸货、分拣、配货、装货设备，购置运输车辆、办公机具等设备、器具。

（3）乡级电子商务物流中转站建设。企业牵头，与乡镇邮政、供销、商贸物流中心或个体物流经营户合作，建设乡级电子商务物流中转站20个，每站租用或调剂场地200平方米左右，配备专职工作人员1～2名，配置小型货运车辆、货柜、货架、电脑、工作台等设备、器具。

（4）村级电子商务物流点建设。由乡级电子商务物流中转站承办，与村级电商服务站或农家店、杂货店资源整合，设立村级电子商务物流点190个，覆盖全县绝大多数行政村，配置货柜、货架、配送箱、工作台等器具。

（5）农村电商物流公共信息平台建设及运营服务。由县电子商务物流协会承办，分别创建本县农村电子商务物流公共信息平台电脑终端和手机APP终端，并上线运行。

（6）农村电子商务物流配送服务运营保障。制定并印发《本县农村电子商务物流配送补贴办法》，对承办企业给予合理运营费用补贴。补贴期限为3年，

补贴标准逐年递减。

2. 农村产品供应链体系升级

建设农产品开发体系，让农产品能实现在线化、互联网化、品牌化；建设农产品品质管理体系，通过集中仓储加强产品品质监控，提高农村产品商品化率。

推广使用农村产品质量安全追溯综合管理平台，完善质量安全追溯系统，健全"三品一标""一村一品"等基础数据库，提升电商与农业融合渗透发展，提高可追溯二维码在农业企业中的覆盖率和使用率。建设供应链标准体系，实现农产品"一物一码"；加强农村产品电子商务标准化工作指导，制定适应电子商务要求的农村产品等级划分、包装、物流配送、流程规范等制度机制。

（1）农产品及农村特色产品品牌培育

打造区域农产品公共品牌。公开征集能够反映县域历史、人文、地理及农特产品特色的品牌，作为区域农产品公共品牌，发布、宣传、推广、应用，大力提升县域农产品品牌形象和核心竞争力。

地理标志证明（集体）商标申报。重点支持 4 至 5 个农产品（食品）相关协会，积极创造条件，成功申报 4 个地理标志证明（集体）商标。

有机食品生产基地培育。重点支持 2 至 3 家农产品生产企业，积极创造条件，成功申报认定 2 个有机食品生产基地。

绿色食品、无公害农产品生产基地培育。重点支持 8 至 10 家农产品生产企业，积极创造条件，成功申报认定 6 个绿色食品、无公害农产品生产基地。

（2）农产品（食品）质量保障体系建设

农产品质量安全监管机制建设。设立县、乡农产品质量安全监管站，调剂办公用房，配套办公器具，配齐工作人员，健全农产品质量安全监督管理机制，确保农产品质量监管工作正常开展。

农产品（食品）质量检测机构建设及运营。整合全县农产品、食品质量检测资源，设立公益性的县级农产品（食品）质量检测中心，招聘专业检测人员，在县域农村电子商务公共服务中心选址或另行选址，改造、装修租用场地，配置检测设备、器具，健全检测机制，保障农产品（食品）质量检测服务正常运转。

农产品（食品）二维码溯源信息技术推广应用。支持一批涉农企业、农民专业合作社、种养殖大户与溯源信息技术公司合作，将二维码溯源信息技术广泛应用于产品营销。到 2022 年，应用农产品（食品）二维码溯源信息技术的生产主体达到 30 户。

推行农产品（食品）质量安全责任保险。鼓励保险机构开办食责险，支持一批涉农企业、农民专业合作社、种养大户，参加食责险投保。到 2022 年，全县投保食责险的生产主体达到 100 户。

（3）农产品标准化生产、加工、流通设施建设

农产品标准化生产基地设施建设。支持一批涉农企业、农民专业合作社建设一批农产品标准化生产基地，力争示范期内，建成中等规模以上标准化种养殖基地 10 个。

农产品标准化加工设施建设。支持一批农产品加工企业，新建或改、扩建厂房，配套加工设施，力争示范期内，成功申报 13 种农产品（食品）生产许可。

农产品（食品）预包装设施建设。支持一批农产品生产、加工、流通企业，大力推广农产品（食品）分级包装，力争到 2022 年，分级包装农产品占外销农产品 50%，新增预包装初加工农产品、食品企业达到 100 户。

农产品（食品）冷链物流中心建设。鼓励有实力的企业，启动生鲜农产品（食品）冷链物流中心建设，满足冷藏冷冻农产品（食品）物流配送需要。

（十）农村电子商务培训体系升级运营

电子商务培训人数新增 10000 人次。实现县乡村三级党政干部电商培训 100% 全覆盖、全县驻村第一书记电商培训 100% 全覆盖、全县贫困村免费培训 100% 全覆盖。开展定制化培训，孵化电商创业优秀人物；开展基础公益培训，促进电商就业转化；开展应用技术人才培训，带动创业就业。

五、保障措施

（一）加强组织领导

成立由县长任组长，分管副县长任副组长，有关部门负责同志为成员的农村电子商务发展工作领导小组，领导小组下设办公室，定期召开电子商务进农村工作会议，研究电子商务发展政策，统筹指导项目实施过程中的重大事项，协调解决项目遇到的问题，督促检查项目推进和配套资金落实情况等。有关部门要结合自身职能，确定专人负责此项工作，按照职责分工，各司其职，分工合作，形成加快电子商务发展的工作合力。

（二）强化政策资金支持

认真贯彻落实上级有关加快农村电子商务发展的政策措施，研究出台扶持农村电子商务发展的配套政策，在项目、税收、金融、人才、培训等方面加大扶持力度。出台电子商务进农村示范项目专项资金管理办法，用于支持我县公共服务中心、服务站点、物流体系、人才培训、供应链体系建设等。严格控制资金使用比例，确保中央财政资金使用安全和项目进展顺利。规范项目管理，建立工作档案和台账，对示范县建设、评审、验收、资金拨付等各环节的方案材料归档整理，做到资料详实、手续齐备、程序合规。

（三）加强指导督查

为规范和完善电子商务进农村综合示范专项资金的管理，制定《本县电子商务进农村综合示范项目专项资金使用管理办法（试行）》，保证示范项目资金安全和政策效果。

（四）加大项目管理

建立项目管理制度，确保示范成效。

（五）加大项目支持

进一步加大与省、州相关部门联系衔接力度，积极争取电子商务产业发展项目资金支持，主动协助企业做好项目扶持资金的申报工作，为企业争取更多的项目资金，支持企业发展。

（六）加大激励机制

每年适当安排电子商务发展专项资金，重点用于电子商务发展考核奖励，支持电子商务产业园建设、电子商务应用推广等，对电子商务发展成效显著的企业、单位和个人给予扶持，为电子商务发展创造宽松的政策环境。

（七）加强宣传引导

广泛宣传电子商务政策、电商知识普及、电子商务活动、县域特色农村产品推广等，增强全县干部群众的"互联网+"意识，全面提升电子商务进农村创业就业氛围，促进农村产品进城、工业品下乡双向流通网络的构建，推动我县电子商务事业持续快速健康发展。

（八）健全考核机制

明确责任主体，建立健全相关的日常管理、工作推进、监管考核等工作机制；建立健全我县电子商务进农村标准和统计体系；加强对网上销售商品的监管，引导电子商务进农村工作规范有序发展；完善奖惩机制，对在农村电子商务工作中业绩突出的部门、协会、企业以及农村创业青年等进行奖励。

六、支持重点

（1）支持开展电子商务培训。支持组织开展面向乡镇政府、企业和农村经济组织、专业合作社、农村微电商、农村消费者和创业青年开展电子商务基础知识、网上开店及技巧、网购操作等技能培训。

（2）支持电子商务产业园和县、乡镇、村级电子商务进农村服务试点建设。

（3）支持打造特色农特产品营销平台，开展网上促销推广活动。支持"特色馆"、农民专业合作社、邮政、农产品现代流通企业、商贸流通龙头企业、专业物流配送企业等实体企业，建设及改造与县电子商务进农村项目相关的配送及综合服务网络。

（4）支持电商服务企业、行业协会开展服务电子商务发展项目，帮促个人创办电商企业，为农村电商提供全方面、一条龙服务等。

（5）支持物流配送建设。对参与农村物流配送中心建设的电子商务企业，给予资金支持。

（6）支持网络建设。引入和支持电商企业和电商服务企业建设农村电子商务进农村公共服务平台，支持骨干商贸物流企业（包括邮政等）探索创新农村电子商务，实现农村电子商务信息化服务功能。

（7）支持网点建设。扶持进入农村市场从事日用消费品、文化体育用品、农牧业生产资料连锁经营和农特产品流通的骨干企业、邮政和电商企业，支持商品配送中心、商场（超市）、生活用品批发市场、乡镇商贸中心、再生资源回收网点、邮政服务网点等实施信息化改造，发展电子商务。

（8）支持其他配套设施建设。包括服务电商进农村的物流配送企业、配套农特产品网销的相应设施等，增强通信网络覆盖等完善农村电子商务发展环境的公益性项目。

二、县域电商的发展策略

党的十九大报告首次明确提出"实施乡村振兴战略"，通过融入互联网的快速发展来破解农业农村发展的制约因素，让市场为主体、让新业态的发展为抓手，激发农村各类资源要素的集聚和整合，优势互补，激发各类主体的活力，实现潜能最大化，实现效能最大化，不断为农业农村发展及产业振兴注入新动能。在互联网时代，将村庄建设与农村电子商务这两股力量合流，实现力量的集聚，乡村电商已成为农村商贸的重要渠道，通过发展电子商务，利用电子商务集聚资金流、信息流、物流和大数据指导和反哺乡村建设和农村产业振兴，通过发展电子商务提供更多的就业和创业平台，让年轻人回乡，使其"有事可做、有业可就、有业可创"，是促进乡村振兴的重要力量。如何通过电商＋一二三产融合、"农旅、商旅、文旅"三旅结合，如何打通乡建与电商之间的链接，从而构造乡村重建的系统工程，通过电子商务让乡村的产业重塑、产业复兴是重点。

（一）电商下沉农村现状及面临的问题分析

经过 2014 年以来的电子商务进农村示范县推动，农村电商已成燎原之势。很多成功的实践证明了电子商务在赋能农村、农业发展的重要作用。但是，农村电商发展的瓶颈依然没有破除：如人才缺乏、人才留不住、服务体系尚不完善、产业化水平低、电商服务网点置、农产品上行困难，同时同质化严重和农村电商市场化造血能力不足等。如何将农村电商的发展更深地融入乡村振兴的系统当中，为乡村发展寻找产业路径，既是农村电商软件建设与提升运营能力的要求，也是乡村产业发展的必然选择。

（二）农村电商发展模式研究

"农户+网络+公司"三大要素及其特殊的组合方式与互动机制模式：将传统的种植户和农户培育成网商，通过电子商务交易平台开设网店，通过网店的运营和推广，和消费者面对面、和市场面对面，突破了时空和地域的限制，直接销售农特产品，打破传统的农产品销售模式；通过大量的种植户和农户为代表的网商队伍的复制扩张和裂变，带动农村电子商务全产业链及其他配套产业发展，甚至带动整个农村治理体系的发展和创新，让农村电子商务各类市场主体和元素不断汇聚，形成以公司、合作社和种植大户为主体，多样化的农村电子商务服务机构共融共生的电子商务生态，推动当地农村经济社会转型乃至农民本身的全面发展。

"三变"+电子商务模式：以建设电子商务产业化基地为载体，依托企业或专业合作社等经营主体，盘活人力资源和资本，按照"资源变资产，资金变股金，农民变股民"的"三变"思路，加强农村集体经营管理和明晰村级集体产权主体，理顺村级集体经济分配关系，构建农村电子商务股份合作体系、农产品供应链管理体系，打造合作式、股份制的全产业链的农村电商商务模式。

（三）电商+一二三产融合发展的模式研究

电子商务+一二三产融合，电子商务是抓手，三产是驱动器，包括了电子商务的交易、服务以及农旅、商旅与文旅，由这个发动机带动产品的生产加工、品牌化，然后带动一产的种养殖等生产。具体需要两个系统，一个是硬件系统，即乡村要接入互联网的硬件设备；另一个是构造互联网的软件系统，即智慧系统、大数据系统，由此来实现一个整体循环。具体为农村电子商务＋乡村文农旅、商旅等融合发展，带动农特产品生产加工种植养殖的发展路径。重点研究三产融合的时代背景（消费升级与网络技术两大背景）下，电子商务的驱动作用（通过电子商务对接远端市场，拓展农特产品的销售空间，拉升价格与销量；通过电商沉淀的消费数据，实现 C2B 的需求驱动，倒逼供给侧改革与产业链的发展）。

（四）电商＋扶贫的模式

2016 年，国务院扶贫开发领导小组出台了《关于促进电商精准扶贫的指导意见》。意见指出，要紧盯市场发展的新方向，充分利用互联网，通过电子商务新商业模式创新扶贫开发体制机制，积极扩展"互联网＋扶贫"模式，优化配置资源，将采用电子商务新商业模式开展扶贫作为重要的载体和手段，推动互联网快速发展红利与农村扶贫工作深度融合。全力实施"互联网＋扶贫"工程，重点开展电商扶贫工程，通过电子商务促进农村产业的发展，发掘贫困地区的特色产品，提升贫困地区的特色产品潜在价值，通过电子商务增加农民的就业和创业，提高农民的收入。电商精准扶贫的着眼点——"大处着眼"，即电商精准扶贫的规划和站位；电商精准扶贫的落脚点——"小处着手"，即政府抓、部门推、企业帮、大家做。①构建电商精准扶贫的生态系统，即行政推进系统——突出顶层设计，强化行政推动；②搭建基础保障系统——突出基本要素，打牢电商基础；③完善平台服务系统——突出平台建设，助推多头并进；④强化宣传推广系统——突出创新融合，打造微媒矩阵；⑤打通四条电商带贫渠道——网店带贫、平台带贫、就业带贫、信息带贫。

三、县域电商的常见模式

随着互联网的快速发展以及物联网、大数据、云计算等新技术的广泛使用，各类电子商务的主流模式不断涌现和创新，传统中心电商、跨境电商、社群电商在农村电商中的作用越来越广，为农产品的上行发挥了越来越大的作用。B2B、C2C、B2C、O2O等传统模式不断更新迭代，农村电子商务紧跟新业态开始向多样化发展，"互联网＋旅游""互联网＋一二三产业融合""互联网＋扶贫"等连接成一个有机整体，农村电子商务整体的电商生态圈已经形成，电商服务的机构和功能日益完善。农村电子商务的发展，个体化的运作是远远不够了，面对电子商务的发展进入到新的阶段，新业态的不断涌现，急需专业的电子商务服务，包括资源整合、供应链整合、农产品信息化、仓储冷链、摄像、美工设计、运营推广、品牌建设推广、物流快递、人才培育等专业化服务。

同时，随着电商新业态的发展，跨境电商、直播电商、社群电商也快速融入农村电商的发展，农村电子商务产业链也开始不断延伸，专业的产业链各节点的人才和服务不断完善，各自分工明确，从单一的利用电子商务平台销售农特产品向复合模式转变，线上线下融合的趋势正在加速，各个农村电商发展的模式也层出不穷。

（一）农村淘宝模式

农村淘宝是阿里巴巴公司千县万村计划的战略项目，以阿里巴巴集团的C2C淘宝电子商务平台为基础，于2014年公司上市后正式启动。主要内容为阿里巴巴公司在与地方政府深度合作的基础上，共同搭建县级和村级两层农村电子商务综合服务体系，一层是在县一级建立县级电子商务服务中心，另一层是在农村一级层面建立村级电子商务服务站，充分利用淘宝平台的优势，开展工业品下行和农产品上行，为农村解决物流、信息流和资金流的瓶颈，实现上行和下行双向流通。其中浙江省桐庐县是阿里巴巴"农村淘宝"的第一个合作试点。合作的政府方提供产地、人员、政策、宣传和资金支持，在县级电子商务公共服务中心，负责县级区域内农村淘宝的管理、考核和业务的扩展。阿里巴巴方主要负责农村淘宝电子商务模式注入农村市场，建立完整的农村淘宝电子商务生态链和服务圈，招募农村淘宝的合伙人，开展相关业务的培训，重点开拓农村市场。村级农村淘宝服务站的业务核心是为村民提供代买卖和快递的代收发功能，一方面服务村民从淘宝平台购买商品，开拓农村市场，另一方面服务村民将农特产品在公共淘宝平台进行网上销售，将农特产品推向城市。但在实际的运作中，总体上工业品下行的成效比农特产品上行的成效更大，随着农村人员素质的提升，网络购物所具备的技能越来越高，需要村级淘宝服务站帮助购物的需求越来越少，对于农特产品上行方面，村级农村淘宝服务站无法满足农特产品上行所需的服务，村级服务站的合伙人的盈利点较为单一，具体的业务无法满足合伙人的增收需求。因此农村淘宝的商业模式、服务模式和盈利模式需要继续创新。

（二）京东模式

京东农村电商模式和阿里巴巴农村淘宝模式各有不同，但都围绕着工业品下行、农特产品进城上行以及相关所需的农村金融服务三个方向开展。京东农村电商模式重点开展了3F战略，主要包括工业品下行进农村战略、以农特产品上行为主的生鲜电子商务战略和农村金融服务战略。京东农村电商以京东平台直营模式为主，通过建立县级农村电子商务综合服务中心的京东帮服务点，构建了一个覆盖农村金融、京东帮、特产馆、乡村推广员、县级服务中心、农资电商及网络大数据等多个板块的完整而厚实的"农村电商"体系，形成了目前战略最全、体系最完善、覆盖最广的农村电商模式。在直营的县级农村电子商务综合服务中心建立区域的资源整合，建立完整的供应链，依靠其电商强大的分销能力在农村市场搭建新三农的生态链，包括县级农村电子商务综合服务中心和京东帮服务店的完整配送。涵盖了工业品下行、农产品上行、农资电商和农村金融等范畴的完整电商战略服务，通过电商进入农村，占领渠道。其中京东的县级农村电子商务综合服务中心是核心，是京东开展农村电商最为关键的平台。这个平台承担了为农民购物下单、招募乡村推广员、培训乡村推广员和营销推广等功能，乡村推广员是京东在农村地区全面铺开农村电商生态经济的基础网络，是开拓农村市场的关键。京东农村电商模式中的京东帮是工业品下行的主要平台，通过加盟合作的方式，实现了农村消费市场的布点，完成了"渠道下沉"，借助自身的供应链优势、直营的物流优势，打通4—6级市场，占领农村消费市场。和淘宝农村电商模式一样，京东农村电商模式中工业品下行的成效大于农特产品上行的成效，作为B2C电子商务的自营平台，如何实现农特产品的整合和采购，真正助力农特产品进城，为农民增收，需要更多的努力。

（三）淘实惠模式

淘实惠农村电商的模式是让县域成为农村电商的中心，构建本县域的电子商务平台，构建本地化的县域电商的生态圈和集聚区，形成本地化的县域自我循环、自我发展和自我创新的围绕本地流通体系的电子商务生态小系统，让更多的电商数据、电商人才和产品留在县域，在县域内形成"资金流、信息流、物流、商流"的流动和转型，实现本地产品流通的信息化，并于外部建立生态连接，在此基础上构建面向全国范围内的"资金流、信息流、物流、商流"流通大生态系统，实现各县域特色农产品在全国的流通。在借助淘实惠平台的地方馆完成本地县域"四流"流通的基础上，向全国拓展。

（四）乐村淘模式

乐村淘模式是双向的线上和线下融合的供需平台，重点建立"四流"的循环系统，包括"现金流、信息流、物流和商流"。将工业品、资金、城市信息和服务通过"双向O2O"平台即时的输送到广大农村，同时又把农村的农业信息、农特产品等信息双向输送到城市，实现农村和城市的无缝对接，让"现金流、信息流、物流和商流"在城市和农村快速流动，实现城市和农村之间的即时连接，让农村、农民、农产品直接面对城市消费者，通过网络化和产业化带动农业的信息化，建立"网络＋公司＋农户"模式，让农民成为主体和主导，通过集中采购的方式整合农特产品，完成农特产品供应链，建立农特产品流通和仓储的服务体系，减少中间环节，将农特产品直接高效输送给消费者。

四、县级电商综合服务体系建设

县级农村电子商务公共服务体系有三层，分别是县级、乡级和村级，在县级层面建立一个县级农村电子商务公共服务中心，在乡级和村级层面，建立多个乡级和村级的农村电子商务服务站。县级农村电子商务公共服务中心的主要职能是整合县域电商服务资源，服务于政府、企业及农民，建设线上线下融合的公共服务体系，在提供全面的电子商务咨询、技术服务的基础上，开展培训孵化、产品对接、品牌培育、品牌建设、网络推广、包装设计、视频拍摄、代运营、运营推广、第三方平台对接、分拣、检测建设和其他衍生增值服务等，向社会全面开放。农村电子商务服务站一是加大站点电子商务知识培训，提高站点人员业务技能。二是站点业务嫁接，站点对接文旅宣传、农资产品、劳务输出、金融机构、物流配送等机构，使站点成为"便民中心、信息中心、产品上行中心"。三是针对站点加大电商知识普及推广、政策宣传。加强网络代购代销、快递代收代发、代缴费等基础功能，方便生产生活，扩大站点农产品上行力度，使站点成为区域农产品上行窗口，利用电商平台大数据指导农产品种植，更重要的是扩展市场，降低成本，带动农村产品销售，实现更多的农民就业和创业，促进农民增收，实现农村振兴、产业发展，带动农村经济高速发展。

（一）农村电子商务培训体系建设

2016 年商务部印发了《农村电子商务服务规范（试行）》，在服务规范中指出"充分利用当地的高校资源、社会培训机构，严格挑选培训师资，建立培训导师师资库，根据电子商务完整产业链所需的专业技能，建立一套不同层级的电子商务专业培训体系，通过公益培训和市场化培训相结合，培训和培训后续的服务相结合，精准地针对返乡青年、农民、创业者、退伍军人、农村致富带头人开展电子商务各级专业人才培训，同时做好对培训的跟踪和效果评估，提供后续实战服务，确保培训持续实效和提升。有计划地培养一大批了解农村、懂电子商务理论、会电商实操的本地农村电子商务人才"。

（二）农村电子商务物流体系建设

农村要快速发展电子商务，无论是工业品下行还是农特产品上行，其中最重要的就是是否具有高效、低成本的物流，因此，农村物流体系的建设是农村电子商务发展的基础。商务部出台的《农村电子商务服务规范》要求"通过建立完整的县、乡、村三级联动的物流服务体系，建立电子商务仓储配送、冷链和物流中转站，组建专业化的农村物流体系运营团队，建立完善的物流体系管理机制和管理制度。全面整合和合理化配置县、乡、村三级的物流资源，全力做好县、乡、村三级物流体系的基础设施建设，为工业品下乡、农特产品上行提供高效、安全和低成本的物流服务"。

县级物流仓储配送中心是县、乡、村三级物流服务体系的枢纽和整合及指挥中心，它包括整合三级物流资源，实现县域内的下行的工业品和上行的农特产品仓储、冷链、分拣和配送，完成区域内物流和信息流的整合和中转。结合乡村两级物流配送，建立农特产品集销体系和可追溯体系。同时向各类农、牧业企业、合作社和电商企业提供仓储、包装、发货等服务，向消费者提供优质、实惠、可追溯的农特优产品。

县级物流仓储配送中心满足农特产品整合和仓储配送功能。县级物流中心满足下行的工业品和上行的农特产品运营所需的基本物流服务需求，全面高效、便捷地保证农特产品供应链的整合和日常运转。针对特殊的生鲜类农特产品，必须具有冷链功能，保证农特产品的冷藏、保鲜和安全，配备系统的冷链设备和管理系统，建立农特产品的质量控制和溯源系统，把农特产品安全地输送到消费者手中。

（三）农产品供应链管理体系建设

中国传统的农业生产和销售特点，造成了大部分的农村，农产品的种植广泛，种类多，分散性很强，无法形成有特色的农产品优势和拳头产品，往往在打开销路后，后续的农产品在产量上无法保障，同时农产品和工业品不同，农产品销售的区域性和季节性很强，容易受天气、季节的影响，极易腐烂。一个完整的农产品供应链是从农田到消费者手中的一个复杂的过程，包括农特产品的种植、采摘、集合、品控、仓储、配送的过程，整个过程流转牵涉到农户、农村合作社、农产品加工企业、配送和物流公司、批发商、网络平台、零售商和消费者等众多对象的网状链条。

一是建设农产品集散的质量品控体系。实现从农产品的品种选择、种植的流程管控、产品成熟的质量控制的体系建设。

二是建设农产品溯源系统。通过互联网和大数据的技术优势，建立农产品溯源系统，建立农产品基础数据库，全程记录农特产品的种植、采摘、集合、品控、仓储、配送的过程信息，全程记录过程流转牵涉到农户、农村合作社、农产品加工企业、配送和物流公司、批发商、网络平台、零售商的信息，全程跟踪和发布相关信息，实现多途径的查询和追踪功能，让消费者可溯源可查询购买的农产品全过程质量控制信息，真正实现农产品的质量可追溯、责任可追查。

三是农产品电子商务标准化建设。传统的农产品生产和销售的整个过程过于随机、分散和不可控，影响的因数过多，没有一套完备的标准化体系。进行农产品电子商务标准化的建设尤为重要，统一规范农产品的种植、采摘、保存、品控和销售的各个流程，从各个县域的实际情况进行标准制定，结合当地的传统，因地制宜，开发简易的、可操作的最优标准，实现农产品的种植、采摘、保存、品控和销售的各个流程可控制和可量化，开展多元化、特色化服务。

（四）农村电子商务营销体系建设

通过开展适应互联网和电子商务快速发展的农村电子商务营销体系建设，满足个性化、网络品牌化、便捷化的消费需求，为农特产品上行提供品牌包装设计、产品美工、文案策划、视频制作、店铺运营等专业服务，开发和运营网络品牌，全力提升农产品的价值。

五、县、乡、村三级电子商务物流体系建设

发展农村电商，物流是个制约发展的大瓶颈，农村的物流配送总体上太分散，相对而言配送成本很高，效率很低；返程空载严重，又抬高了物流成本。物流成了制约农村电子商务发展的主要问题之一，无论是与物流相关的基础设施还是软件条件都急需提升。解决农村的物流问题，需要电子商务经营主体的全力合作，需要政府层面的资源整合和市场经营主体力量的全面投入。包括农村物流软硬件基础设施的建设和三级物流配送体系的搭建以及农村物流专业人才的引进和培育，需要政府和第三方物流服务企业的全力合作，以市场化的方式，激励第三方物流服务企业加大农村物流软硬件的投入，整合社会资本和社会资源，通过多种方式发展农村物流。彻底打通农村电子商务发展"最后一公里"的问题，为农产品上行"最初一公里"保驾护航。农特产品实现全国全网销售，必须形成"工业品下乡，农产品进城"的双向流通格局。着重解决由乡（镇）到村的"最后一公里"物流"瓶颈"及农产品转换为商品的问题。农村电商物流"最后一公里"是制约农村电子商务发展乃至农村产业振兴的痛点和难点，只有充分利用发达的互联网技术和信息技术，系统地开展农村"智慧物流"供应链体系建设，统筹谋划，全面推进才能彻底解决农村电商物流"最后一公里"的难题。

完善的农村物流配送体系是农村电子商务发展最重要的也是最关键的一个部分，农村电子商务的快速发展依赖于物流体系低成本的高速运行。县、乡、村三级物流体系的建设必须完备，各级承担各自的任务才能更好地服务于需求人群。通过整合县域现有的物流资源，建设县、乡、村三级物流体系，具体包括县级物流综合仓配中心、乡镇物流中转站和村级物流服务点，购置物流车辆、延伸物流运输线路、配备仓储配送信息化系统、制定合理规范的物流管理制度，实现快递到乡镇，配送到农村，全面降低社会物流总成本，为县农村电商生态夯实基础，推动农村电子商务健康发展。县级农村物流配送中心通过建

设物流园，采取招商引资、市场化及以奖代补方式，引进专业现代物流企业，培育地方物流龙头企业，建设集农产品分级、包装、预冷、初加工和配送物流一体的县级农村电商物流仓储配送中心，带动全县农村电商物流发展。乡镇级农村物流配送中转站通过在乡镇建设乡镇级农村物流配送中转站，同时与本乡镇电子商务公共服务站或乡村新型商业中心示范点合并建设，相互融合，相互补充，共建、共享、共用，为本乡镇居民销售当地农特产品和购买生活必需品及生产资料提供服务。村级农村物流配送中转点与本行政村电子商务公共服务点合并建设，资源共享，共同为本行政村居民的农产品上行和工业品下行提供便捷服务。

以县级物流仓配中心为龙头，全县乡镇级物流中转站、村级服务站点为支撑，根据县城和各乡镇地理位置及交通情况，整合配送车辆资源，打造城乡物流配送专线，对物流网络尚未覆盖的乡镇、村要充分利用周边乡镇和村现有物流运输资源、人力资源和物流运输线路。建设一个全县电商物流配送管理系统及公共服务平台，用于支撑县、乡镇、村三级物流网络公共服务体系运营，以统揽和有效整合全县现有电商企业和实体企业的物流配送，每天提供全县电商物流实际运行数据，实现对全县电商物流实时监管。系统包含仓储管理、运输管理，制定相应的信息接口标准，对接电商平台、物流设备、物流企业、物流从业人员，实现全流程信息化管控、可视化运营，打造高效率、低成本、低差错率、高安全性的物流运作。

六、农村电商人才培育

随着"数字经济"时代的来临，传统的农业经销模式已经不能适应时代发展的需要，农村要发展、农村产业要振兴都需要充分利用高速发展的互联网和物联网技术，全面融入电子商务和基于平台消费的生活习惯，通过互联网和电子商务进行农村传统的生产和销售模式的革新，满足习惯于电子商务购物的消费者需求，实现个性化、平台化、网络化的"按需定制"销售模式创新，打造以农产品销售为核心，涵盖种植、生产、物流、仓储等农业产业要素的全面电子商务化的革新和融合。但目前，相对于城市电子商务的发展，我国农村电子商务的发展基础薄弱，总体发展缓慢。无论整体的电子商务发展环境、资源、电子商务服务、物流都无法和城市相比，特别是农村电子商务专业人才严重缺乏，这也是制约农村电子商务发展的重要因素，相比较城市而言，大量的新生代农民都流向了城市，留在农村的大部分农民都以小孩、老人和农村妇女为主，总体上接受新生事物的能力偏弱，文化水平偏低，对电子商务的认识不充分，仅仅停留在网络购物这一层面，而真正懂得电子商务的本土人才很少，而城市中的电子商务专业人才又不愿意长期到农村生活、就业和创业，因此农村电子商务要发展得好和快，就必须要培养本地的农村电子商务人才，这也已经成了农村电子商务发展的重中之重。

"电子商务专业人才"不仅仅是网店的运营人才，而是整个电子商务产业链各个节点所需要的综合性、全方位的电子商务人才，因为电子商务专业人才不但包括电商网店运营、网店推广、网店数据分析等相关的实践人才，还包括农村电商发展的总体设计、规划和操盘运营的高端战略人才。无论是电子商务总体设计、规划和操盘运营的高端战略人才，还是电子商务网店经营、网店推广、网店数据分析、美工设计、产品拍摄、物流服务等实践型人才，在农村都最为缺乏。农村的电子商务要发展，需要各个层面的从业者，包括懂电子商务理念的各级干部，包括能够运营店铺、网店推广营销、电子商务各节点，包括摄影、美工等专业服务人才。为了建立一支懂农村、懂技术、爱农村和愿意扎根农村的电子商务人才，各地农村都在大力培育，但是难点重重，成效不大。

（1）农村电商人才缺乏。中国农村相对于城市，对于电子商务专业人才的吸引力处于弱势，要从城市吸引更多的电子商务人才，按照目前城乡发展的差距，包括城乡生活、创业和就业等发展现状，很难从城市中吸引电子商务专业人才走进农村，反而让更多的农村电子商务人才流向了城市。伴随着农村电子商务的发展，电商人才严重缺乏的问题已经显得非常突出。对于本土化的电子商务人才的培育需要很长的时间，同时受制的因素很多，造成许多农村在发展电子商务的过程中，不得不面对大量的缺乏电子商务各产业链专业人才的局面。农村电子商务专业人才的大量缺乏，已成为制约农村电子商务发展的关键因素。要发展农村电子商务，就必须要解决农村电子商务人才缺乏这个关键性问题。

（2）传统农民改变难度大。把传统农民培育成新型的电子商务专业人才，需要一个长期的过程，传统农村思想固化，很难接受新兴事务，习惯于传统的生产生活方式，加上受知识水平等制约，很难让农村彻底改变思维方式，因此让农村接受互联网、了解电子商务是一个整体和庞大的工程，需要长期的教育与影响。特别是我国很多的农民文化程度普遍不高，习惯于传统的生活、生产模式，不愿意接受新鲜事物，许多人对互联网、计算机和电子商务不甚了解，也不愿意去了解，这也导致了很多农村地区的电子商务不能正常开展。

（3）电商人才流失严重。和农村相比，城市对于农民的吸引力更大，特别是在生活环境、创业氛围、服务保障等方面，农村培育的电子商务人才，发展到一定的程度，都有往城市转移的趋势，培育的电子商务专业人才流失的现象较为严重，更多的电商人才走向了城市，形成了农村留不住人才的问题。

（4）人才培训体系成效不明显。高质量的电子商务师资缺乏，更多的师资只能承担理论的教学，对于初级层面的电子商务培训会有一定的效果，但是对于中高级层次的电子商务培训无法承担。总体上看，更多的电子商务相关培训只是讲，而没有操作。受训人员只能了解电子商务，但是无法操作电子商务。加上培训缺乏系统性，后续的服务缺乏持续性，没有一套完整的培训成效的考核体系和跟踪孵化及后续专业技能的支撑和帮扶体系。

农村电商人才发展建议。

（1）多看多走。组建团队，即时跟踪全国电子商务发展的优秀县域，带领各级层面更多地参加电子商务游学班和交流活动。借助优秀县域的发展经验，无论是模仿还是学习，对于本地的电商人才培育都有实效。开展精准培训和服务，精选本地电商经营的核心主体，抓牢致富带头人、退伍军人和返乡青年群体，全力支持和培育一批真正的电子商务专业人才，全力打造电子商务创业和就业标杆，起到示范和引领作用。同时加大人才政策支持力度，留住这类特殊群体，为本地的农村电商发展所用。

（2）多请多引。内培外引，对于高端的电子商务专业人才，需要加大力度，全力引进。与高校合作，共同培育。提高人才引进的政策力度，保障待遇的同时，为引进的人才提供更多的创新创业舞台。

（3）重视本土化培养。本地化的服务机构、本地化的电子商务专业人才是本地农村电子商务发展的关键。只有拥有一大批了解农村、了解当地、懂电子商务的本地人才才是电子商务发展的市场核心主题。一方面发动更多的当地农民参与电子商务，了解电子商务，掌握电子商务，在当地财政资金的支持和保障下，提供更多的农村电子商务培训包，让农民选择适合自身的培训项目。另一方面对于本地的电商人才要与外引人才同等待遇，利用政策和环境留人。

● 附 ××县农村电子商务人才培养工作实施方案

为进一步加快县电子商务发展步伐，提升发展的能力和水平，分层次、分群体、分行业进行针对性电商人才培养，建立完善的电商培训体系。结合县实际，制定本实施方案。

一、指导思想

以党的十九大精神为指导，以县级相关部门为业务骨干、企业负责人和中高层企业管理人员、返乡高校毕业生、返乡青年、大学生村官、农村青年、致富带头人、退伍军人、建档立卡贫困户等为重点，加快培养一批符合本县电子商务发展需求的农村电子商务带头人和实用型人才，为推动全县电子商务持续快速发展奠定基础。

二、主要目标

加强与省内外专业培训机构、知名电子商务企业等的协作，积极开展电子商务实用人才培训。县、乡（镇）领导干部及大学生村官等重点学政策，增强电子商务发展意识，提升引导发展的能力和水平；电子商务企业负责人重点学理念，转变传统思想观念，增强运用电子新技术加快转型发展的自觉性和主动性；企业负责人、大中专（院）校毕业生、个体工商户、城乡青年创业带头人重点学技术，掌握网店操作基本技能，熟练开展网上产品销售和运营；服务业从业人员主要学习怎样在网络上搭建销售平台，通过线上、线下两种模式进行经营。争取用2年时间，全县电子商务培训10000人次以上（档卡户1000人次以上），其中：2019年完成培训6000人次以上（档卡户700人次以上）、2020年完成培训4000人次以上（档卡户300人次以上），逐步建成电子商务人才培训体系，建立符合形势发展要求的电子商务人才队伍。

三、培训方式

按照分级负责、上下联动原则，开展对相关部门、电子商务服务中心、电商企业、乡（镇）服务站、村级服务站点的人员及辖区内电商从业人员、农村青年、建档立卡贫困户的培训。通过政府购买服务、学校开展公益培训、社会培训机构参与等方式开展集中式、片区式、互联网远程教育等形式组织电子商务知识培训，引导广大群众体验电子商务，提升电子商务应用和服务管理能力。

四、培训类别

（一）电商知识普及培训

培训对象为县级与电子商务有关单位的领导和业务骨干；乡（镇）人民政府、行政村有关人员；县乡村三级电商公共服务体系从业人员；社会各阶层有志于学习电商知识的人员与群体等。培训内容为电子商务概况、电子商务发展理念、电子商务发展趋势、电子商务网络品牌建设、网店运营和推广、网店装修和美工、网店数据分析、供应链管理、中小企业管理、网络营销、直播电商、农产品拍摄、视觉设计、跨境电子商务、电子商务支付和安全、传统企业电商转型、电子商务相关的政策法规等，通过培训让学员了解电子商务的发展、掌握电子商务运营技能、把握电子商务的发展动态和趋势，能够独立设计和运营电子商务网店，引导市民、村民网上消费、便利生活，扩大网民数量，营造便利消费进社区、进农村的良好氛围，提升电子商务服务水平。

（二）企业电商应用与转型发展培训

培训对象为电子商务企业负责人和中高层企业管理人员。通过培训帮助企业家了解电子商务发展现状以及发展电商的现实意义，引导电商思维转变，使参训学员成为职业化电子商务高级管理和应用人才。

（三）电商专业人才培训

培训对象为电商（意向）创业者和电商企业实际操作人员。课程内容为电商发展趋势解读、电子商务基础知识，店铺装修和视觉营销，关键词的应用，网店页面文案策划与撰写、网店的运营推广、电商创业模式探索、经验分享，如何参加各项活动和参加活动中后期注意事项及其他网店运营推广方面的数据、摄影、美工、网页等应用操作技能和技巧等一站式创业培训与实训。通过培训使参训学员掌握电子商务营销实操技能和创新理念，培训后具备一定的创业创新能力。

（四）农村电商应用型人才培训

培训对象为特色农产品企业、农民专业合作社，课程内容为重点培训农村电子商务基础知识、电商企业管理、网销农产品生产与包装、电商市场营销以及农村电子商务发展趋势，省内外电商成功案例。通过培训转变农产品传统销售方式，解决农产品销售难的问题，促使农产品出村进城。

（五）电商扶贫培训

培训对象主要为全县有志学习电商知识或有意从事电商的档卡户。培训内容主要围绕电商基础知识、农产品营销、互联网＋扶贫、电商脱贫成功案例及扶贫扶持政策等。通过培训，多途径、多思路帮助档卡户利用电子商务实现创业、就业，增加建档立卡贫困户经济收入。

五、实施步骤

（1）开展电商知识普及性培训、电商扶贫培训等初级培训。认真组织开展乡（镇）行政干部电商普及性培训，并协调各村委会落实好村级电商知识普及性培训或电商扶贫培训的学员组织、会场安排等工作，主动对接县电子商务公共服务中心，由服务中心派老师到场（点）进行授课。乡（镇）、村级普及性培训的具体时间、场次由各乡（镇）人民政府、村委会按照《计划表》安排的时间段，根据学员组织情况确定，可安排在晚上进行。村级普及性培训要保证培训的质量，尽量组织有志学习电商知识或有意从事电商的农村青年、建档立卡贫困户开展培训。

（2）开展企业电商应用与转型发展培训、农村电商应用型人才培训、电商专业人才培训等中、高级培训，进行效果总结：各乡（镇）人民政府、各部门要积极配合推进电商人才培训工作的开展，县电商办及县级电商服务中心要结合普及性培训工作，筛选出可孵化的培训学员，跟进组织开展中、高级培训，以培养出一批电商应用型人才。各乡（镇）、各部门间要不断加强交流，总结经验，确保培训工作正常推进，顺利完成电商人才培训10000人次以上的任务。

六、保障措施

（一）加强协调配合

电商人才培训是电商扶贫的重要内容，县电子商务进农村工作领导小组各成员单位要高度重视电子商务发展人才培养工作，加强统筹协调，共同研究解决电子商务人才培训过程中遇到的困难和问题。全县的电商人才培训工作由县电商办负责总协调，县电子商务公共服务中心负责师资安排、会务服务等具体培训组织开展工作。县电子商务领导小组各成员单位要充分发挥本部门、本单位的职能作用，结合主管行业特点，合理安排主题培训，提供培训经费、场地、学员组织等便利条件，邀请县电子商务服务中心安排老师进行授课，共同推进全县电商人才培训任务顺利完成。

（二）强化师资力量

县电商办、县电子商务公共服务中心要针对每次培训的人员特点，加强与省、州业务主管部门联系，多方筛选考察，适时聘请省内外知名电子商务专家、教授，各大院校及企业讲师、大型电子商务企业负责人或企业高管等前来县开展培训讲学，确保培训取得实效。

（三）完善培训资料

县级各部门、各乡（镇）人民政府组织的培训，要保留通知文件、签到表、课件及相关照片，企业组织的培训要有健全的培训档案，每期培训的信息、培训资料等及时整理汇总上报县电商办。按照国家电子商务进农村综合示范项目验收要求，全县的电商人才培训使用统一的《广南县农村电子商务培训签到表》，培训组织单位要做好签到工作，监督参训学员认真填写身份信息、联系方式等，以便项目验收考评时回访。

（四）培训深入基层

人才培训不能只照顾县、乡层面，培训工作要深入到村、到企业、到合作社。各乡（镇）、村委会要创造条件，适时在村级做好学员组织、场地提供等工作，由县级电子商务服务中心安排人员到村进行培训，尽最大努力为农村学员参加电商培训提供方便，增加农村青年创业、就业的途径。

（五）营造良好氛围

县级各部门、各乡（镇）人民政府要加大对电商进农村项目的宣传力度，配合县电商办适时组织开展电商创业大赛、电商人才合作交流会、电商高端人才项目对接会等，营造重视电商人才、重视电商发展的良好氛围，吸引省内外优秀电商人才、团队参与发展本地电商产业，为全县发展电子商务提供坚强的人才支撑。

第四篇 扶贫篇

一、电商扶贫概述

电商扶贫，是中国农村扶贫的一种新模式，随着互联网和物联网技术的高速发展，随着"互联网＋"与各行各业的全面融合，新的商业模式、新的业态不断涌现，"互联网＋扶贫"成为中国扶贫工作体系的重要方式和手段，通过互联网，通过电子商务创新扶贫开发的理念、方式和实践。通过建设农村互联网发展所需的基础设施，鼓励和引导成熟的第三方电商企业下沉农村，共同培育农村电子商务生态圈和农民的互联网、电子商务意识，在构建农村电子商务服务体系和物流体系的基础上，帮助更多的贫困村和贫困户掌握电子商务运用能力，让更多的农户利用互联网技术、手段和电子商务平台实现创业和就业，让更多的农产品上行进城，通过一店辐射多村、一户带动多户的方式实现产业振兴、农民增收，同时进一步促进当地农特产品的种植、加工和销售，实现贫困家庭脱贫致富。

从 2011 年起，学界专家认为在中国农村，特别是贫困地区，区域优势的农特产品丰富，传统的农特产品种植、生产、加工、销售制约因素很多，在短期内提升的空间很小，随着互联网的快速发展，特别是电子商务这一新商业模式为农村产业的大发展和大振兴提供了催化剂，电子商务弥补了农村，特别是贫困地区的产业振兴、农民致富的短板和不足，如何分享互联网特别是电子商务快速发展的红利，如何全方面融入互联网和电子商务，抓住电子商务平台发展的历史机遇尤为重要。专家和学者的呼吁在 2014 年终于变为了现实，2014年底，在国务院扶贫办印发的《刘永富主任在全国贫困村旅游扶贫试点座谈会上讲话》中，明确提出了"电商扶贫工程"的概念。随着"电商扶贫工程"的不断推进和完善，与主流电子商务平台和第三方物流服务公司的合作力度进一步加强，对各个贫困地区的电商扶贫的探索也在不断深入，鼓励和吸引更多的电子商务平台和第三方物流服务公司下沉农村，投入更多的资源和资金布局农村电商。探索形成了诸如浙江遂昌、甘肃陇南、黑龙江明水等各具特色的电商扶贫模式。

（一）电商扶贫的运用

1.赋能

电商扶贫的核心是什么？习近平总书记在第二届世界互联网大会发表主旨演讲中有过提及，他指出我们要坚定不移地为生活在边远地区、农村和边缘化城区的穷人，提供获得信息和使用信息的能力，为农民摆脱贫困提供动力。电商扶贫是一个系统的工程，但最主要的核心是"赋能"和"增能"，通过农村电子商务发展的全面推进，通过互联网文化氛围的融入，通过一系列与电子商务相关的培育的推进，让贫困地区的农民和市场主体享受互联网和电子商务快速发展的红利，在享受互联网和电子商务发展带来的成果和便捷外，快速获得运用电子商务销售农特产品的能力，实现城乡之间信息的壁垒，让城乡之间实现无缝对接，让消费者和农民实现无缝对接，彻底解决信息不对称的问题，让贫困地区优质的产业资源、产品资源、环境资源、旅游资源，通过互联网和电子商务的新杠杆来实现乡村振兴和产业振兴，实现贫困地区和贫困户增收，实现由"输血式"扶贫向"造血式"贫困转变，从而实现全面小康。

2.创业

依托电子商务平台进行创业，相对于传统的方式，有更多的机会，电子商务平台不仅面向全球的市场，拥有庞大的市场，同时属于低门槛、低成本的创业方式，对于创业资源相对缺乏的农民和贫困户开展创业活动具有更多的优势，创业成功的概率也越大。让优秀的人才能够留在农村，实现创业成功。

3.增收

通过互联网和电子商务平台，大幅提升贫困地区农民获得网络信息和运用电子商务的能力，增强创新发展能力，拓展农产品上行的渠道和市场，更好地利用互联网和电子商务平台及网络销售的方式把农特产品销往全国各地乃至销往世界各地，实现城乡和信息一体化，在硬件、软件、信息上无缝对接，打破农村信息闭塞和信息不对称，利用互联网的手段打造农特产品网络品牌，完成农特产品的价值，实现优质优价，助力当地农村产业振兴和农业经济发展，让更多的农村就业和创业，促进农民增收。

4.反哺

互联网和电子商务平台最大的价值是拥有庞大的即时数据，它零距离面对庞大的消费者，因此拥有精准的商品流通、消费者喜好等大数据，通过这些大数据反哺农业、反哺农民，让涉农企业和农民利用电子商务平台大数据革新传统的农业经济发展和农产品种植，改变农民传统的认识意识、生活习惯和生产方式，帮助农民建立消费者意识、网络平台意识、大数据分析意识、标准意识、质量意识等，从而倒逼产业转型。

（二）电商扶贫的主要形式

1.精准到户

直接扶持低收入群体和贫困户个体，把低收入人员、贫困户和残疾人等帮扶对象作为重点电子商务扶贫对象，从开展电子商务初级培训开始，帮助这类特殊群体，了解电子商务，掌握电商知识，掌握电子商务操作基本技能，从选品、开店、装修、运营、推广、销售、快递等一条龙进行网上创业，同时在提供更多的政策支持下，对接各类资源，并提供后续服务，让低收入人员、贫困户和残疾人等帮扶对象通过网上开店并经营店铺，成为专业的网商，通过在电子商务平台就业和创业实现增收致富。

2.构建产业链

电子商务产业链不仅仅是网上开店、网上销售，它牵涉到一个庞大的产业链，每个节点都蕴含着更多的就业和创业机会。通过完善电子商务产业链实现更多的农民、贫困户就业和创业。一方面把低收入人员、贫困户和残疾人等帮扶对象培育成可以自我发展的网商，树立榜样，培养更多的网商经纪人、网商创业能人和大户，在实现自我致富的同时带动更多的人就业和创业。另一方面支持当地的传统企业、涉农企业和从事电子商务经营和服务的企业不断发展壮大，构建完整的电子商务产业链，吸引更多的贫困人员加入产业链实现就业。

3. 扩大溢出效应

在构建完整的电子商务产业链的基础上，建设农村电子商务产业园和创业基地，建设电子商务服务体系，实现电子商务完整产业链的集聚效应，实现涉农扶贫的电子商务规模化发展。通过电子商务的规模化发展，达到整个电子商务新模式发展的溢出效应，建立庞大的、良性的和可持续发展的电子商务生态圈，以期提供更多的与电子商务产业链各节点相关的直接或间接的就业岗位和创业机会，让更多的收入人员、贫困户和残疾人等帮扶对象间接或直接加入到电子商务产业链的各个节点。让更多的人分享到电子商务快速发展的红利。

二、电商扶贫的国家战略与政策

关于电商扶贫的政策文件主要有以下几个。

（1）2015年，国务院出台了《关于促进农村电子商务发展指导意见》，意见中明确指出在农村产业振兴、乡村振兴和扶贫助农中电子商务的作用和地位，农村电子商务是农村和农业发展方式转型和革新的重要手段，也是开展精准扶贫的重要载体。加快农村电子商务的发展，把农村和农业的发展和电子商务深度融合，传统生产和经营方式与电子商务相结合，产生实体经济与网络经济叠加效应，在构建农村电子商务发展体系和服务体系的基础上，创新农村的治理和发展方式，将农村第一、二、三产业与电子商务深度融合，扩大消费市场，推动农村产业振兴，实现农民增收致富。通过鼓励和支持开拓创新、大力培养本地化的懂农村、爱农村、懂电子商务的专业人才、完善县乡村三级农村电子商务服务体系和物流配送、冷链保存体系的建设和加大金融支持力度等手段，完成培育农村电子商务市场主体、扩大电子商务在农业农村的应用和改善农村电子商务发展环境等重点任务。

（2）2016年国务院扶贫办发布了《网络扶贫行动计划》，行动计划要求让互联网发展成果惠及13亿多中国人民。同时要求充分发挥互联网和电子商务在精准扶贫攻坚中的作用，让更多困难群众用上互联网，让更多的农产品通过互联网走进城市。具体实施农村网络工程，推进贫困地区网络覆盖和加快实用移动终端的研发和应用；实施农村电商工程，推动贫困地区农村特色产业发展；实施网络扶智工程，提高贫困地区教育水平和就业创业能力，鼓励更多的新农人、大学生、在家务农的农民开展电子商务就业和创业，积极鼓励更多的贫困户和农民开设网店，通过电子商务开展农特产品的销售，实施"一店带多户""一店带一村"的精准带贫机制，帮助贫困地区挖掘特色产业，帮助贫困户通过电子商务实现就业和创业，拓宽销售渠道，增加家庭收入。

（3）2016年11月，国开办发〔2016〕40号《关于促进电商精准扶贫的指导意见》由16个部门联合出台。意见进一步要求坚持以助推脱贫攻坚为工作导向；坚持以贫困村、贫困户为服务重点；坚持以农村产品和服务上行为工作重点。扎实推进电子商务进农村综合示范工作。将精准带动贫困户就业增收作为电商扶贫的出发点和落脚点，因地制宜发展农副、旅游、餐饮、民俗等多元化电商供应链。

三、农村电商扶贫产业链和生态圈构建

农村电子商务的发展不仅仅带动了农村的经济发展和农村产业的振兴，更通过融合互联网、融合电子商务改变了农村的治理方式、发展方式和农民的生产生活方式，通过构建农村电子商务产业链和生态圈，农村电子商务发展的环境应运而生。电商扶贫的本质将互联网时代电子商务新商业模式全面纳入了扶贫开发的体系中。通过电子商务创新扶贫开发的理念、方式和实践，通过共同

培育农村电子商务生态圈和农民的互联网、电子商务意识，帮助更多的贫困村和贫困户掌握电子商务运用技巧，让更多的农户利用互联网技术、手段和电子商务平台实现创业和就业，让更多的农产品上行进城，通过一店辐射多村、一户带动多户的方式实现了产业振兴、农民增收。电商扶贫包括农村电子商务发展的软硬件基础设施建设、电子商务全产业链的服务体系建设、县乡村三级的物流体系建设、电子商务金融服务体系建设和电商人才培育等诸多措施都属于电商扶贫的范畴。电商扶贫的方式是多样化的，它包括完整的电子商务产业链，电子商务市场的主体与对象也是多元化的，可以是政府、企业或是扶贫机构，更是农村贫困家庭，也可以是村镇企业或是致富带头人。

虽然农村电商的发展势头迅猛，但是由于农村互联网基础设施薄弱、电商人才缺乏、生产方式落后、物流设施不完善等原因，农村电商的长远发展存在着很大的隐患。电商扶贫是一个新兴事物，更是一项庞大的工程，需要政府政策的支持，需要基础配套设施的更新，需要供应链系统的完善，需要电商人才队伍的引进，更需要持续不断的探索创新。

"授人以鱼，不如授人以渔"，建立完整的生态链对于电商扶贫来说是十分必要的。农村电商的市场发展亟待规范，农民们也需要系统而全面的电商培训。从农业的生产源头抓起，完善种植环节、生产环节和流通环节，构建完善的物流基础设施，为农户提供更多的融资条件，才能够全方面建设起完整的生态链，电商扶贫才能够走得更远。

乡村干部和驻村干部、农业合作社、致富带头人、银行工作人员利用电商平台大数据结合当地区域特色和优势引导涉农合作社、村民和贫困户进行特色农产品、优质家禽等产品的订单生产，通过互联网和电子商务，扩展了消费市场，增加了就业和创业，通过建立网络品牌增加农产品价值，让整个农特产品在电子商务产业链中处于增值过程，实现了农村产业振兴和农民增收，有力推动了精准扶贫。

政府主动担当，针对一批符合当地电商产业布局、满足当地电商发展需求的电商创业者和重点扶持的电子商务企业提供更多的金融支持，以政府担保的形式，鼓励和引导更多的金融机构在涉农的电子商务产业投入更多的资金，以解决电商初创者和电子商务重点发展企业的资金制约问题。调整信贷方式和结构，调整和增加更多的信贷产品全力支持农村电子商务发展，在做好风险防控的同时源源不断地提供全方位和可持续的信贷服务。结合涉农电子商务产业链的特色，创新推出"电子商务产业链"贷款，在与电子商务平台合作的基础上，向电商完整产业链上的各个节点提供贷款服务，包括种植户、农村合作社、农民、网商、电子商务服务机构、物流快递企业、仓储冷链企业。

（一）电商扶贫的特征

1.电商扶贫的"新主体"日趋丰富

电商扶贫的"新主体"不仅仅包括电子商务主流平台如淘宝平台、京东平台和苏宁易购平台等电商巨头，还包括电子商务产业链中各个节点的服务企业和第三方物流服务企业，同时电子商务产业链各个节点中的电商从业者、服务者、创业者和众多的网商都是电商扶贫的主体。

2.电商扶贫新模式丰富多彩

总结起来有"贫困农户创业型""大户引领型""龙头企业带动型"和"基层干部服务型"，这四种方式可以产生极好的带贫效果，可以把贫困户带贫机制带领起来，优先把贫困户的农副产品卖出去，卖出好品牌，卖出好价钱。

3.农产品"触网"成扶贫"新路径"

2016年，我国农村网络零售额达8945.4亿元，约占全国网络零售额的17.4%，农村网店超过800万家，占全网25.8%，带动就业超过2000万人。贫困地区优质的农产品正在通过电子商务拓展销售渠道、提升销售价格、增加销售量，利用电子商务改变农产品信息不对称的局面。2016年农产品上行的销售额达到2000亿元，发展速度和潜力巨大。

4.电商扶贫的路径多元化

第一,"贫困户+电子商务"。扶持有基础、有意愿的贫困户发展电子商务,利用电子商务脱贫。如汪洋副总理视察过的山西武乡县岭头村,建档立卡的贫困户有 46 户。第二,"帮扶主体+电子商务"。如蒙阴创业者高蒙,溢价从贫困户手里收购桃子,解决农民增收致富。第三,"贫困户+合作社+电子商务"。如扎兰屯"一把木耳"的张大妈,通过成立木耳合作社,带领社员通过电商销售木耳,增收致富。第四,"贫困户+龙头企业+电子商务"。如内蒙古星华源食品公司,通过集中采购贫困户的农产品和安排贫困户就业,解决贫困人口脱贫就业和增收的问题。

(二)电商扶贫实施路径

1.构建电商扶贫的运行机制

首先需要地方政府充分挖掘当地的区域特色和优势,融合互联网和电子商务,做好统筹规划和顶层设计,制定电商扶贫总体部署和工作体系。其中,贫困主体的获得感,是构建电商扶贫长效机制的核心基础;构建电商扶贫的长效机制,须基于市场,重点在农特产品的上行。

2.扶贫先扶智的策略

电商扶贫首先要改变传统农民的思想观念,以为就是京东和淘宝等电商平台,这种片面的认识制约了电子商务的发展,毕竟电商扶贫是新任务、新手段、新领域和新课题,需要加大和加强认识,将非常规措施转变为常规化措施和手段。

3.坚持重点人群的策略

精准定位,打造重点贫困人群电商致富的标杆,培育一批电商扶贫带头人,加强电子商务产业链各个节点的专业技能培训,鼓励更多的贫困人员在电子商务产业链节点上的就业和创业,充分享受农村电子商务发展的红利,增加贫困人口的幸福感和获得感。

4.人才先行的策略

目前,农村电子商务要发展,电子商务的人才是关键,目前农村总体空心化现象比较严重，本地的电子商务人才的培育较为缓慢，城市中的电子商务专业人才不愿流向农村，因此，农村中电子商务专业人才严重缺乏，要着力培养一批专业人才，把外部推力转化为内生力。

四、电商就业扶贫

电子商务新业态的出现，提供了大量的就业岗位和创业机遇，电商产业发展与就业和创业扶贫相结合、电商产业发展与农民增收致富相结合，拓展了就业扶贫的新路子。通过发展电子商务结合当地的产业，农民在家就可以进行就业和创业，让更多的农村剩余劳动力，包括农村留守妇女、老人参与农村电子商务各产业链节点的就业和创业，实现增收。一是培育"家门口产业就业工程"，鼓励更多的电子商务平台在开展农村电子商务等新商业模式的同时增加更多的就业岗位和创业机会，让更多的农民实现就业和创业；二是政府兜底保障，提供更多的力度更大的就业援助范围，积极开展电子商务培训，扩展电子商务就业链条，开发电子商务服务类的就业扶贫公益性岗位。如开发电商就业免费培训项目、电子商务操作技能免费培训项目，实施网络创业"百千万"培训计划，重点打造"一村培育一农产品""一户开设一网店""一网店做响一农产品""一网店带动一片就业"的特色农村电商发展模式，挖掘当地产业特色，让更多的小农场、小工厂、小网店、小电商、小服务、小物流等小项目通过实施电商助残扶贫行动，发展适合精准扶贫的电商产业。

五、电商平台扶贫

常见的农村电商平台扶贫主要有：

（1）B2C类综合平台。企业对消费者电子商务综合平台，主流的平台有京东、天猫、苏宁易购等；通过在B2C类综合平台开设店铺的商家将农产品送至消费者手中，亦将工业商品销往农村地区。

（2）C2C类平台。个人对消费者的电子商务综合平台，主流的平台以农村淘宝为代表；个人和企业可以直接在 C2C 类平台开设店铺，相对于 B2C 类综合平台，开设店铺的成本和门槛都偏低，非常适合农户或者贫困户经营，农户通过平台店铺直接提供农产品给消费者，在平台中实现农村用户和城市用户之间商品的即时交流。

（3）社交平台、服务类（C2B、S2B2C）。主流的平台有云集、拼多多、美团网等；由于当前农村互联网发展主要依赖移动端网络，村民使用手机上网的比例已远超桌面电脑。一些涉及农村电商的企业也将重心转向手机 APP，发展农村社交电商。

（4）供应链服务类（B2B2C、B2M）。主流的平台有中农网、村村乐等。

以京东平台为例：京东平台是国内主流的 B2C 类综合平台，京东平台类目齐全，建有独立的自建物流体系，不仅具有强大的供应链优势，还在物流、仓储和冷链上具有独特的优势，总体上发展速度惊人。京东依托先进的平台技术和全链资源投入，对集团内各平台、各渠道所有涉农业务进行了全面整合，对外不断加深与贫困区域和涉农产业带政府的合作，建立了"政府 + 企业 + 媒体 + 平台"四位一体的助农体系，不断整合扶贫资源，合力建设贫困地区的电子商务技术设施的建设，打造软体文化，构建完整的涉农电子商务产业链和生态圈。开发跑步鸡、飞翔鸽、游水鸭、游水鱼、跑山猪等多个极具特色的扶贫助农明星项目。利用平台大数据资源指导贫困区域农产品种植，通过大数据反馈的消费者需求和贫困地区的养殖条件，联合当地政府，与合作社达成合作关系，因地制宜地发展特色养殖扶贫项目，帮助贫困区域搭建产品品控、品质提升、品牌创建、仓储冷链、跟踪溯源和专业服务体系，开展了"三品三产"计划，以品控标准及服务为基础，结合区域块溯源技术，提高农产品上行标准，打造产地专属品牌，助力农产品上行，推动农村产业振兴，提高农民收入。京东全力通过产业扶贫、用工扶贫、创业扶贫和金融扶贫等诸多扶贫模式，全力支持国家脱贫攻坚战略。京东在过去几年间已经形成了自己的扶贫策略体系，真正做到了帮扶并最终授人以渔。

　　以京东"扶贫跑步鸡"项目为例，京东平台在各个环节全力介入，利用平台大数据指导规模化养殖，利用平台开展电商营销和推广，打造标准化和网络品牌，同时构建跑步鸡的质量溯源系统。京东全程负责制定养殖标准、流程，对全流程进行监管，并负责在养殖周期结束后进行收购销售，带动农户就业或养殖增收。通过助农提高品控标准，推动农业产业加快标准化种植进程，京东"扶贫跑步鸡"项目成功入选2018"大国攻坚、决胜2020"精准扶贫推荐案例。

（一）提高品控打造品牌

　　京东整合生产、销售、物流的整个产业链条，培育了一批管理先进、标准严格、成长性强的现代化农业龙头企业。京东先后与云南、四川、贵州、广西、新疆、甘肃、宁夏地区合作，设立京东生鲜40多家扶贫馆，覆盖20多个产业带。推动了丹东草莓、广灵小米、海南芒果、恩施土豆、饶河蜂蜜、苍溪红心猕猴桃、秭归脐橙、日喀则冰川、水石城莲子等几十个贫困县的农特产品向信息化、网络化、品牌化、个性化和规模化方向发展。

（二）科技赋能助力增收

　　京东平台与地方政府合作，合力打造农村产业电商化服务平台和电商运营中心，京东充分利用平台大数据反哺农业，通过大数据反馈的消费者需求和贫困地区的养殖条件指导农业，通过平台大数据推荐算法，实现了个性化的精准营销手段，通过"千人千面"的精准营销手段进行精准营销，让更多的扶贫农特产品销量大增，京东利用平台资源扶持扶贫农特产品网络品牌的创建，通过平台大数据支持特色农业和区域农特产品网络品牌打造，通过网络品牌大大增加了转化率和重复购买率，大大提升了农特产品的价值链，实现增收助农。

（三）自建物流助力渠道

　　生鲜产品流通的要求特别高，京东平台充分发挥拥有自建物流体系的优势，不断扩建仓储和冷链系统，在全国各地布点，建设先进的多温层冷库，京东解决了生鲜产品对于保险和包装的特殊要求，为农特产品的上行提高了保障。

（四）金融支持服务保障

京东除了电商运营培训、物流渠道建设、营销资源等多个维度进行全方位帮扶外，针对农村地区资金缺乏、贷款难等问题，实施了"互联网金融＋农村产业"的扶贫模式，金融支持提高了扶贫项目的成功概率，缩短了农特产品网络品牌从创建到走向成熟的时间。

（五）公益创新社会联动

京东公益支持为扶贫品牌提供了更多支持和情怀。在短短的数月时间，京东公益平台已收到全国各地数千万社会公众捐赠的物资近 200 万件，为扶贫地区发送了大量的扶贫物资，促进了地方扶贫模式、扶贫品牌的发展。

过去五年京东平台实现农产品交易额超 5000 亿元，成为农产品上行的主渠道。京东坚持"授人以鱼，不如授人以渔"，摸索出了一套京东特色的"造血式扶贫"方法，树立了多个行业范本，已成长为全国扶贫助农领域的领先平台。

六、电商农产品销售扶贫

根据调研显示，中国贫困地区包括甘肃、云南、贵州的局部山区，其中90％的贫困地区分布在林区、山区、沙区。其主要的劣势为：自然环境恶劣，基础设施薄弱，交通不便，对外的销售渠道不畅，而且整体信息闭塞，先进的理念和技术无法快速输入，生产者、种植户和消费者不对称，造成农特产品的价值与市场价值不等价，人口集聚不明显，很多当地的优势资源、文化、农特产品的商业价值无人也无法挖掘。其主要的优势为：大部分地区区域特色明显，农特产品资源丰富，具有地域特色的产品质优价廉。总体上看，中国贫困地区优势和劣势都非常明显和极端。传统的销售模式和商业模式，对于大部分贫困地区的产业振兴都无法提供便捷的方式和方法，因而造成贫困地区的发展总体缓慢。随着中国互联网技术的快速发展，互联网具有跨时空、跨地域的技术优势充分得到展示，互联网改变了我们的生活、生产和消费方式，以电子商务为代表的新商业模式彻底颠覆了传统的商业模式，电子商务打破了地域壁垒、打破了资金壁垒，让任何地区、任何人都可以通过电子商务进行产品销售，对于贫困地区农特产品的销售渠道进行了扩充，借助线上虚拟的信息技术和即时的信息流，解决了贫困地区农特产品走不出、进不去的难题，让销售不再是一个头疼的问题。虽然，贫困地区电子商务发展的基础设施较为薄弱，电子商务的专业人才较为缺乏，没有形成涉农电子商务产业链的集聚效应，但只要各方协调、整合资源，共同推进，电商精准扶贫展现的力量将出乎想象。

如浙江遂昌，属传统农业地区，长期以种植粮食为主，稻谷为大宗产品。2005 年，中国的电子商务刚刚起步，一大批精明的遂昌人利用遂昌优质的农特产品开始进入淘宝平台开设网店，正式走入网上市场。2010 年，县工商局、县经贸局等政府相关部门、电商企业、纵横遂昌网等共同发起并成立了遂昌电子商务协会，实现了电子商务经营户与供应商"信息互通、资源共享、融合发展"的服务性公共联合。2011 年遂昌县政府出台支持"全民创业计划"及配套扶持政策，每年拿出大量的财政补助用于遂昌电子商务发展，同时在电商专业人才、创业空间、政策支持等方面加大对遂昌电子商务发展的支持。通过电子商务协会、本地的电子商务服务机构和电子商务企业为大量的个体网商提供电子商务服务，统一进行农特产品的数据化和商品化，满足电子商务分销和网销，利用"电子商务协会 + 电子商务服务机构 + 网商 + 农村产业"的模式，促进农业及农产品信息化和电子商务化，实现了农特产品的触网和上行。

如云南云县，是典型的山区农业大县，是国家级贫困县，也是全国电子商务进农村综合示范县。云县利用互联网和电子商务的平台优势，建立与涉农相关的数据库，利用平台数据开展反哺农村产业，让农民与消费者无缝对接，最大限度的实现农特产品与市场对接。云县政府充分整合各方资源，建立了完整的县、乡、村三级电子商务服务平台，也完整的建立了县、乡、村三级的电子商务物流服务中心和电子商务服务点和快递配送点，解决了贫困户销售农特产品"最后一公里"的问题，提升了农户对种植养殖产品的议价能力，提升了农特产品的价值空间,通过电子商务平台数据分析,盘活了当地特色产品资源,让一些随处可见的农特产品,成为受消费者喜欢的特色产业。

如湖南安化县,率先成立了县电子商务扶贫工作领导小组,从政府层面统筹协调,进行顶层设计,出台了电子商务进农村综合示范项目实施方案,先后和主流电子商务平台开展合作,包括和京东集团、淘宝平台等签订脱贫攻坚帮扶合作协议,利用平台资源、第三方物流服务企业资源,建立了县、乡、村三级农村电子商务服务中心,县、乡、村三级物流体系。在村级层面建立了村级服务站点近500个,培育了扶贫网商近万家。

甘肃成县,交通不便,山大沟深,信息闭塞,经济落后,但成县抓住电子商务发展带来的机遇,利用电子商务把当地的特色农产品带出大山,走向城市,成为最早的县域电商扶贫典型之一。成县建有县乡村三级电子商务公共服务体系,引入第三方电子商务服务企业和物流快递企业近50家,建有县乡网货供应平台近30家,开展电子商务培训近5万人次,通过电子商务产业链各节点直接或间接带动就业和创业2万余人。成县的电商发展政府高度重视,"一把手"亲自主抓,把电商的发展作为"一把手"工程,"一把手"带领各级党政干部共同发展农特产品电子商务,成立县委书记任组长的县电子商务工作领导小组。成县充分利用微博微信这一有效载体,开通了"陇南成县政务微博发布厅"和"陇南成县政务微博群",初步形成了"干部带头、群众参与、信息互通、联动互推"的新媒体运营助推全县农村电商快速及整体发展格局。在初期,成县整合全县资源,集中精力于当地规模最大的农产品——核桃,实现了核桃电子商务品牌大突破,又以点带面。目前,已形成以核桃系列、菊花茶等农特产品为主的近50个系列的网货供应体系。

云南省元阳县,通过信息化赋能的形式,重点从旅游电商开始突破,形成"互联网+农村旅游"融合方式,通过对当地梯田、古村落、民俗文化等优势旅游资源的挖掘和开发,让当地的旅游资源优势迅速转化为现实的商品带货能力。首先进行了旅游的数字化,开发旅游电商,其次加大农特产品的数字化、信息化和电商化，通过线上和线下相结合的方式，在电子商务平台开展电商团购推广、线下众筹认建，加大产业振兴、旅游振兴。

陕西武功，全力打造电商生态体系，成为阿里巴巴平台排名全国第五的农产品电商大县。目前引入和培育电商企业近300家，个体网店近2000家，物流快递企业近100家，形成了完整的电子商务产业链和电商生态圈，实现了电商的解决效应。通过电商创业、开个人网店实现了部分脱贫，通过电商产业链各个节点的就业带动了一部分人就业脱贫。

第五篇　旅游篇

一、乡村旅游与电子商务

近年来，休闲农业、乡村旅游、农村电商等针对农村发展的各种规划项目逐步有序推进，为实现党的十九大提出的乡村振兴战略奠定了坚实的基础，发挥了重要的作用。乡村旅游的兴起是当下一种潮流，也是城市化到了一定阶段的必然产物，从商务部统计的数据看，农村电商领域内乡村旅游的增长是最快的，规模和增速均高居首位。因此目前正面临互联网与乡村旅游结合的一个风口。农村电商正在从简单的网上购物向更加丰富多彩的在线消费转变，其中旅游就是其中之一。与农村在线旅游同步高速增长的还有在线餐饮、生活服务等类别，互联网正在加速改变县以下人们的生活与消费方式。

在此情况下，蓬勃兴起的农村电商与同样方兴未艾的乡村旅游、休闲农业就形成了许多结合点，可以用农村电商的一些理念去改造、提升和促进农旅融合。农村电商打开了"互联网＋乡村"的新天地，农村电商促进了农旅融合，而农旅更应利用互联网主动升级。"互联网＋"的本质是企业通过互联网收集精准的海量大数据，这也是互联网最有价值的体现，通过大数据零距离对接消费者，从中分析消费者的需求，从而可以服务消费者需求而快速改进产品、设计服务。

（一）加快乡村旅游的数字化

乡村旅游总体还是比较原始的，在信息化方面比较落后。所以，可以对乡村旅游的业务流程进行数字化改造，以具备农村电商的发展基础，也更适应互联网时代的消费习惯。

（二）加快乡村旅游的网络化

连网成片，而不是一个一个孤零零的。只有连接在一起，才能更好地对接网络大市场，更好地推广乡村旅游品牌。目前正在兴起的最美乡村旅游线路、田园综合体、全域旅游等，就是连线成片、形成整体效应的一种体现。

（三）加快乡村旅游的智能化

今天到乡村旅游，不可能单一地赏个花或吃个饭，往往是观赏、娱乐、餐饮、住宿、体验等融合在一个过程，这就需要智能化技术的支持，如物联网的应用，在网上将这些内容打通，让消费者便捷地找到和消费。

（四）乡村旅游创意产品的融入

互联网时代，人们的消费已经进入到个性化消费时代，传统的农家乐已经不能满足消费者的需求，因此乡村管理者一定要保持创新意识，在信息的帮助下寻找产品创意，利用每一个乡村都拥有的其独特的民俗、特产、风貌去深度挖掘和包装。

（五）新业态类型产品的拓展与开发

互联网时代下，要以个性化、特色化、精品化的理念去拓展与开发乡村旅游、休闲农场、乡村营地、艺术村落和民宿等新业态类型，通过旅游引流量，流量助推农特产品销售，线上线下融合实现旅游和带货相结合。

（六）网络可视化产品的增加

在线上"微信互动、网上订购、关注抽奖、媒体网络互动、大众广泛参与"，线下"野外踏青、景观垂钓、采摘乐趣、枇杷佳肴、健身暴走、畅享自然"基础之上，打造多种私人定制化的产品，通过网络可视化技术，提供乡村旅游产品的实时动态分享，让线上的消费者变为线下游客，线下游客变为线上消费的常客。

（七）用电商倒推乡村旅游转型

目前乡村旅游同质化日益严重，很多人在找突破点，这个突破点就应该是定制化，农村电商的大数据恰恰给了定制化一个支点，可以从消费者需求进行相应的供给侧改进。休闲农业与农村电商的融合发展也是势在必行，休闲农业增强了用户的体验性，随着互联网信息化时代的快速发展，通过电子商务新商业模式促进广告宣传推广方式也发生了很大的改变，已经过了那个某某明星代言就买的时代，用户只有通过自己体验过后觉得好才会购买，农产品更是这样，线上宣传推广，线下体验感受，用户在参观休闲农业园的过程中品尝农产品，觉得味道好，质量好，便会进行购买，线上支付购买，线下物流配送，所以农村电商就要与休闲农业深度融合方能有更好的发展。

二、农村电商与一二三产业的深度融合

"互联网 + 农业"就是"互联网 +"行动指导意见的重要组成部分，就是利用移动互联网、大数据、云计算、物联网等新一代信息技术与农业的跨界融合，通过资源整合、信息共享和要素互联，创新基于互联网平台的现代农业新产品、新模式和新业态。党的十八大以来，农业农村部积极推动互联网在农业农村的应用，"互联网 + 农业"呈现出良好的发展态势。依托"互联网 +"发展各种专业化社会服务，促进农业生产管理更加精准高效，使亿万小农户与瞬息万变的大市场更好对接，推动了农业提质增效，拓宽了农民新型就业和增收渠道。党的十九大报告进一步明确提出在数字经济等新兴产业蓬勃发展，在农业现代化稳步推进的基础上，加速发展农村与互联网、物联网、大数据和实体经济深度融合，在中高端消费、共享经济、现代供应链等领域培育新增长点、形成新动能。在中国经济网络化、信息化的发展趋势下，推动电子商务进农村，快速发展农村电子商务是实现乡村振兴的重要途径，互联网弯道超车的机遇，构建了新型经营主体、小农户与大市场有机衔接的方式，通过互联网组织起来小农户，来推销特色农产品、优势农产品，实现一体化经营，带动农村经济集约化发展。只要将现代化互联网、电子商务与传统的中国农村产业深度融合发展，充分利用互联网技术和电子商务新商业模式革新中国农村的治理方式、农村产业的种植、加工和生产方式和传统的农特产品的销售渠道，建立完

善的县乡村三级电子商务服务体系、县乡村三级农村物流体系、农产品仓储保鲜冷链物流设施建设和涉农电子商务产业园区，加快推进涉农电子商务产业链和生态圈，全面融合电子商务推进农产品种植、生产、加工、产品分级、产品集散、仓储、冷链、销售、包装、物流配送等产业的各个环节，通过融合互联网、融合电子商务全面革新农村治理现代化，重构农业产业链，促进农业一二三产业融合发展。

中国农村传统的生活生产方式有着几千年的历史，特别是随着城市的高速发展，农村产业的发展相对工业品的发展较为滞后，大部分的农产品种植随意，种植品种多，大部分农产品规模小、散，都以初始的农产品为主，没有进一步开展深精加工，没有形成拳头产品和特色商品，没有开展品牌建设，没有实现质优价高，同时传统农业一产和二三产之间关联度和融合度低，加上大量的农村青壮年流向城市，在农村生产和生活的主要是以"386199"队伍为主，造成很多的农村空心化，农村的产业振兴缺乏年轻人、缺乏专业的人才，造成农村自我发展、自我造血的功能不足。

随着中国互联网、大数据、人工智能的技术革新，特别是电子商务这一新商业模式的高速发展，中国进入了"互联网+"的时代，信息化、网络化成为发展趋势，抓住"互联网+农业"的机遇，让农村电商与一二三产业深度融合，构建基于互联网的现代农业产业体系，成为推进农业农村现代化的捷径。

"互联网+农业"是深度融合互联网、电子商务、充分利用互联网技术和电子商务新商业模式的发展方式，具有以下特点：一是互联网不受地域和时空限制，"互联网+农业"就是用互联网思维来革新经营模式和拓展销售渠道，让农特产品直接对接消费者，打破时空和地域的限制，扩展消费市场，实现农特产品种植和生产加工快速对接消费者，满足消费者个性化需求。二是"互联网+农业"可以充分利用互联网和电子商务革新整个农村产业链，利用互联网技术，特别是电子商务平台大数据，解决农民和涉农企业种植什么、加工什么的关键问题，利用大数据和物联网等新一代信息技术解决农产品种植和加工的管理、质量分级、质量控制和质量溯源的问题，实现满足消费者需求的精准化、个性化生产。

加快实施"互联网＋一二三产业"融合发展，主要从以下方面入手。

一是进一步夯实农村电子商务基础设施建设。政府统筹农村电子商务基础设施建设，整合各方资源在软硬件设施上全力推进，重点加强农村地区网络基础设施建设。持续推进农村地区通信服务和农村互联网基础设施，推进农业农村电子商务发展，强化信息资源共享开放，提高生鲜电商冷链物流配送能力。将农村电子商务的配套设施纳入新农村建设整体规划统筹考虑，对所需软硬件设施建设予以政策支持。

二是推动融合和数字化。通过电子商务，实现线上线下融合发展，把互联网的技术与农业深度融合。积极培育农村电子商务市场发展主体，鼓励更多的电子商务企业、农业龙头企业、第三方物流企业、电子商务服务企业、农村合作社、养殖、种植大户、农户等多方介入，形成市场化运作的互联网与农业融合，实现电子商务与一二三产业融合发展。做好涉农产业全产业链和信息化，实现包括产前、产中、产后等全产业链的数字化。全力推进互联网＋农产品数字营销。一方面通过互联网把大量的工业品、消费品输送到农村。另一方面要帮助农民把优质合格的、有特色的农产品出村，实现农产品上行，推动"工业品下行"和"农产品出村"。

三、乡村旅游营销

纵观国内乡村旅游的发展，总体来说，随着国人生活质量和消费水平的提升，更多的人们走出了家门，更愿意参与到各类的旅游当中，国内旅游市场的规模越来越大，近几年来乡村旅游的发展速度日益加快，体量也越来越大，乡村旅游已经成为旅游业的重要组成部分。面对游客市场需求不断更新和选择日益多样化的趋势，消费者对乡村旅游的要求也越来越高，但目前乡村旅游在项目策划、活动安排、营销手段和营销策略上都存在较多的问题，缺乏市场规划和整体营销策略，大多数仍停留在推销阶段、传统的产品、价格、渠道和促销的 4P 理论，个别乡村甚至还停留在销售阶段。

下面我们将结合"互联网 +"融合发展趋势，探讨乡村旅游各类新型营销和推广的方法及手段。

（一）网络营销

在"互联网 +"全面融合的大潮下，在新媒体和自媒体爆发式发展的背景下，乡村旅游的营销方法和手段也发生了根本的改变。依托于电子商务、新媒体和自媒体的新兴网络营销是推广乡村旅游最为有效的方法之一。网络营销需要通过多种方法来实现。游客在做出旅游决策前，会通过各种网络渠道提前了解景区或景点的相关信息，经过严谨的对比然后做出选择。而游客能搜索到的信息往往通过各种网络渠道来呈现，包括个人博客、朋友圈分享、各类门户网站和弹窗广告等，这些网络渠道的信息是影响游客出游选择的关键因素，在自媒体高速发展的今天，乡村旅游做好网络营销工作尤为重要。

（二）口碑营销

口碑营销指的是游客在旅游体验活动结束之后，对其产品和服务做出的各种评价和自发的宣传，并向潜在旅游用户传播的过程。口碑营销也是影响游客做出旅游决策非常重要的一个因素。不同于一般的产品，游客在出游前，除了通过网络方式了解相关信息，还会通过询问亲朋好友获取乡村旅游相关内容，这时候，口碑的好坏就极大地影响了潜在游客的选择。因此对乡村旅游来说，营造正面积极的口碑可以有效提升品牌形象，比如某个风情浓郁的少数民族村落，去过这里的游客和导游都为乡村美丽的景色和旅游产品所俘获，通过游客的不断分享，从而形成了对当地乡村旅游的二次营销。

（三）假日营销或活动营销

每个乡村都有自己的地域、人文特色和优势，也有许多历史悠久的传统民俗文化活动，通过深度挖掘特色优势，抓住节假日旅游的热点，精心打造主题活动，通过包装宣传，呈现出多样化，吸引更多的潜在游客。国外的一家乡村旅游策划机构曾尝试过结合某个乡村的特色开展主题活动，举办一年一次的旅游节庆活动，并通过各种宣传海报、网络推广、发送邀请函等形式，短短一个星期便吸引了数千游客，更有参加了活动的游客表示下一年还要继续来体验。

（四）体验式营销

在注重用户体验的时代，游客的观念也发生了深刻的变化，游客呈现出个性化、情感化的特点，游客在注重品质时，更多地追求表达自我，乡村旅游应注重乡村旅游体验，增加情感消费的需求，推出更多彰显个性的产品和服务。乡村旅游本质就是给城市的游客提供一种别样的生活、别样的感受，采用"感官式""情感式""思考式"的单独或者二合一、三合一的混合营销推广来达到体验式营销推广的目的。让游客身心放松，体验乡村生活，体验久违的乡村浓郁的传统民俗文化。

四、线下体验、线上支付，开展"快乐乡村游"

互联网已经成为现代人群离不开的生活、生产方式，它既是一个交流的平台更是一个消费的平台，互联网具有共享性、实时性、高效性和开放性等特点，它形成了互联互通、大数据和高流动开放的有机生态圈，它的迅速普及极大改变了人们的生活方式。而"互联网+"则更加贴近消费者，通过分析互联网所收集的信息数据，快速优化产品和服务，提供更人性化的消费体验。乡村旅游通过融合互联网，整合互联网技术和思维，全面开创乡村旅游的革新，用互联网的思维运作旅游项目，通过强大的即时的开放的精准的互联网数据资源，全方位地整合各类信息资源，根据消费需求创新性地开发传统乡村旅游项目，通过互联网技术和理念提升乡村旅游项目价值，通过融合电子商务，实现线上支付、线下体验，结合"互联网+"，拓展乡村旅游的各类新型营销方法和手段，带动更多的人流、商流和信息流。

为了充分发挥旅游业的带动作用，积极运用互联网的综合优势，国家旅游局研究制订了《"旅游+互联网"行动计划》。计划指出乡村旅游要与互联网深度融合发展，要通过运用互联网技术和理念推动乡村旅游产品的开发，提高乡村旅游创新能力和创新优势，培育新业态，最大限度的优化和整合资源配置，加快形成以开放共享为特征的"旅游＋互联网"运行模式。

要实现乡村旅游的快速及可持续发展，采用互联网思维和互联网融合是关键。借助互联网海量的消费者数据和强大的影响力，指导乡村旅游的项目设计和挖掘，通过强大的互联网的互动、营销和造势，线上和线下结合，带动大量的消费者参与乡村旅游。通过与各大旅游门户网站和营销平台的合作，把粗浅的乡村旅游资源进行挖掘、包装、整合、重组，进行规模化、品牌化管理，实现旅游资源的有效再利用。依托互联网信息平台，整合分散的乡村旅游资源，强化线上推广、品牌建设和数字化赋能，带动乡村旅游领域多样化的创新创业；将休闲娱乐、文化创意与乡村旅游、民俗文化、现代农业等紧密结合，与美丽乡村建设紧密结合，推广线上农产品渠道，引入社会资本，激活乡村创业。

在互联网技术的不断发展和海量互联网数据的背景下，借助互联网技术和数据，精准了解消费者乡村旅游的喜好和需求，开发传统的乡村旅游项目和挖掘满足消费者个性化需求的特色项目和产品，推陈出新，加上整体依托互联网手段的全方位营销，实现乡村旅游品牌项目。要实现借助互联网发展乡村旅游，实现互联网、电子商务与乡村旅游的深度融合，一方面需要建立完善的"互联网＋乡村旅游"基础设施，保障消费者方便快捷的使用互联网；另一方面，要大力引进互联网专业人才，通过专业人才保障"互联网＋乡村旅游"的项目实施和技术服务。

第六篇 实践篇

一、构建农村电子商务公共服务平台

近年来，随着中国互联网的快速发展，中国农村网民的数量急剧增加，到2020年止农村网民的数量已经突破了 2.5 亿人，农民已经适应互联网大背景下的生活方式，农民也已经离不开网络，网上购物已经成为农民生活的一种常态，同时也有更多的农民除了网购外，还在各类电子商务平台开设网店和就业，总体上中国农村互联网和电子商务相关的基础设施也越来越完备，越来越多的工业品通过电子商务走进了农村，基于互联网的相关服务在农村也越来越完善，互联网和电子商务已经完全改变了农村的治理方式，改变了农民的生产、生活方式，也彻底改变了农民的消费习惯。农村电子商务的发展，不仅仅是体量的快速扩张，更是发展质量的提升，同时也改变了农村的文化环境。总体上看，中国农村电子商务的发展成效非常显著，但是，也存在一些不足的地方，比如说农村电子商务公共服务平台无论是硬件还是软件都还不完善，更多的建在县级层面，乡级和村级层面的电子商务公共服务平台能够实现的功能欠缺，浮于表面，没有下沉，基本上还没有通过农村电子商务公共服务平台形成电子商务产业链的集聚，无法形成集聚效应。除了公共服务平台外，还有农村涉农电子商务供应链整合水平差、物流快递成本高、冷链系统不完备、电子商务专业人才缺乏等问题。因此，农村电子商务新的发展阶段，必须加强县乡村三级电子商务公共服务平台建设、县乡村三级农村流通基础设施建设和物流体系建设，推动乡镇涉农商贸发展，畅通城乡双向流通渠道，实现工业品上行、农产品下行双向跨越式发展。

通过电子商务实现工业品下行，对于改变农村生活和消费习惯，方便农村购物起了重要的作用，但是对于农村发展、农村产业的振兴以及农民增收致富而言，农产品的上行最为关键，而农村电子商务公共服务平台及服务体系的建设是农产品上行的重要依托，更是农村发展电子商务的关键和核心。通过农村电子商务公共服务平台，打造县域（县乡村三级）电子商务产业链集聚区，形成完备的电子商务产业链各节点上的配套服务，围绕各地农村特色产业，培育区域网络公共品牌和网络产品，提升产业电商化水平，促进乡村振兴战略实施。目前，农村电子商务公共服务平台建设的情况为：第一，大部分的县域地区都已经初步建立了县、乡、村三级电子商务公共服务体系和电子商务服务功能。第二，目前建立的电子商务公共服务平台和电子商务服务体系更多的流于形式，服务功能不完备，服务企业和电商专业人才缺乏，没有真正市场化运作，特别是乡级和村级层面的服务功能基本无法满足农村电子商务发展的需要。同时，服务平台和服务体系没有和当地发展的产业相结合，对于当地农村产业的发展无法形成有力的支撑。第三，目前建立的电子商务公共服务平台和电子商务服务体系更重视工业品下行，农特产品上行的服务和下行不同步。各方的企业更愿意在工业品下行的角度投入，而在农产品上行服务的投入不足，需要政府层面统筹推进。

农村电商要以县级农村电商公共服务中心为核心，对电商行业提供政策保障、法律服务、组织管理、市场引领、技术支持等服务，指导乡村级电商公共服务站工作。乡村级电商面向农业、农村、农民，为带动农村经济、搞好农产品销售等提供优质服务。第二，各级政府要积极支持鼓励社会各界人士从事电商事业，为繁荣电商事业作贡献。各级政府依据国家振兴新农村政策法规，指导农民进行改革，鼓励农民充分利用农村电商平台为自己从事的产业服务，为农民带来可观的经济效益。第三，鼓励农民朋友利用电商事业推销农副土特产品，活跃农村经济。指导引领农民利用电商平台推销自己生产的优质农产品。但是要做好农产品加工、包装、储运、电商销售等环节的具体服务工作，加速完善农村公路建设和互联网覆盖工作，为农产品进入流通环节打开通道。

农村电子商务公共服务平台作为县域农村电商的支撑，是发展农村电子商务最为关键的也是必不可少的载体。农村电子商务公共服务平台通过组建农村电子商务公共服务平台综合性服务团队，主要企业、网商及农民，通过建设线上线下融合的公共服务体系，提供农村电子商务产业链各节点的服务，包括提供电子商务咨询、电子商务运营、电子商务营销推广、农特产品网络品牌打造、摄影美工、物流服务等，通过服务平台提高当地涉农企业与农村网商的电子商务运用技能，助推电子商务现有市场主体和培育更多的电子商务创业者，通过产业链优化与政策扶持进而突破发展瓶颈。

农村电子商务公共服务平台建设的内容主要包括：

一是进行资源整合和落地工作，加强资源整合，实现电子商务产业链各节点的集聚效应，牵头开展农产品品控标准、物流标准、冷链标准、电商服务标准等标准建设，规范服务流程。

二是负责制定具体细化的电子商务运营推广实施方案；负责与第三方平台进行对接，获取更多的第三方电子商务平台资源，落实上级各项政策，深入挖掘本地特色产品，组织特色企业入驻县电子商务公共服务平台，开展农特产品网络品牌打造，全面提升当地农特产品的区域品牌和知名度，全面提升农特产品的价值链。

三是整合全县特色产品、特色产业，通过培训加孵化，为特色农产品及特色产业产品提供价值提炼、品牌包装、宣传推广、市场营销、公共关系等专业的营销推广服务支撑。整合当地网商及优势产品资源，建立具有当地产业特色的创业孵化平台，提供农特产品创业供应链平台，为电子商务创业群体提供"低门槛、零库存、低风险"的产品资源和服务资源。

四是引导企业进行产品研发、品牌营销推广、美工设计等工作，打造××县电商核心品牌，形成以××县优势品牌牵引，依靠良好技术平台支撑，具备持续良好运营能力的电子商务进农村运营体系。

五是积极协调交通、邮政、供销、仓储、商业网点等物流快递资源，多形式、多渠道、多类型发展快递物流服务业，引导物流快递企业在乡镇建立配送门店，在行政村建立快递服务点，开展集中快速和便捷的配送服务。

六是建立县域农村电商人才的培育及培训体系。采取多种方式，加强对政府机关、企业、合作社工作人员、大学生村官、退伍军人、农村致富带头人及网店经营者、创业者的电商知识培训和后续的电商专业服务，通过系列培训和服务，提升电商实操能力和网店运营水平，培育和壮大县域涉农企业、网商群体和从业者，通过服务平台实现各类资源的整合和涉农企业、网商群体和从业者抱团发展。

● 附　××县农村电子商务公共服务体系建设实施方案

一、总体要求

（一）指导思想

以党的十九大精神为指导，以"农产品进城"和"网络商品下乡"为核心，打通农村电子商务双向流通渠道，增加农民收入，提升农民生活水平。

（二）基本思路

坚持"企业为主、政府推动、统筹规划、创新发展"的原则，充分发挥市场在资源配置中的决定性作用，突出企业的主体地位，加强政府服务，优化发展环境，激发各类市场主体的活力，促进城乡互补、协调发展。创新农村电子商务模式，共建农村电子商务服务体系，促进农村一二三产业融合发展。

（三）工作目标

计划用 2～3 年的时间，建立完善农村电子商务公共服务体系，扩大电子商务应用领域，促进网购网销快速发展，大幅提高农产品商品化率、品牌化程度，明显提高农村互联网服务水平，推动农村经济社会健康快速发展。建设完成县级电子商务公共服务中心、完成乡镇电子商务服务站升级改造、完成村级电子商务服务站（点）建设，实现村级电子商务服务站（点）建设行政村全覆盖，完善农村电子商务服务体系，带动农村扶贫开发等方面取得明显成效。

二、主要任务

（一）建设目标

1. 建设内容。打造成集产品整合、电子商务运营服务、推广、营销、数据统计、电商培训等功能于一体的综合服务管理中心，线上统筹电子商务平台的整体运营实施和全网络实施，线下组织县域产品资源形成产品库。建设办公区、线上体验区、扶贫产品展示区、培训室、孵化室等，提供业务咨询、技术服务等电商运营整体配套服务。

2. 运营模式。服务中心由中标企业入驻运营，其运作重点解决农产品上行难的问题。县电商办及有关部门做好运营商的管理和服务工作。

3. 服务功能。一是做好资源整合和专业服务对接工作。二是负责制定具体细化的电子商务运营推广实施方案；负责与第三方平台进行对接，落实上级各项政策，深入挖掘本地特色产品，组织特色企业入驻县电子商务公共服务线上平台。三是整合全县特色产品、特色产业，通过"培训＋孵化"，为特色农产品及特色产业产品提供价值提炼、品牌包装、宣传推广、市场营销、公共关系等专业的营销推广服务支撑。四是引导企业进行产品研发、品牌营销推广、美工设计等工作，打造××县电商核心品牌，形成以××县优势品牌牵引，依靠良好技术平台支撑，具备持续良好运营能力的电子商务进农村运营体系。五是积极协调交通、邮政、供销、仓储、商业网点等物流快递资源，多形式、多渠道、多类型发展快递物流服务业，引导物流快递企业在乡镇建立配送门店，在行政村建立快递服务点，打通农村物流"最后一公里"。

（二）乡（镇）电子商务服务站建设

1. 建设方式。依托乡镇的商贸流通企业、电商企业、合作社或便民超市等现有资源，整合、升级改造通过"兴边富民"三年行动计划项目资金建成的18个乡镇电子商务服务站，尽量不重复建设。

2. 站点选址。乡镇电子商务服务站选址由县电商服务中心深入各乡镇对现有资源进行实地考察，充分征求乡镇意见，再通过位置条件、人员条件等进行对比，公开透明地对候选站点进行择优选择建设。服务站尽量安排在乡镇所在地或者农村繁华地段，结合乡镇的商贸流通企业、电商企业、合作社或便民超市等进行建设，并办理《营业执照》等相关证照，具备合法的经营主体资格，以保证正常营业。现有的乡镇电商服务站，可根据条件需要进行整合、搬迁、升级改造等。服务站建设面积应不少于30平方米，应设有电商办公、商品经营、产品存放等场地。乡镇电商服务站选址要充分考虑将物流服务站整合建设，谋求长远发展。

3. 服务功能。乡镇服务站建成后应具有零售、实体体验、网络代销代购、技术服务、农产品收集等功能。对上承接县服务中心安排的业务，并能够提供产品整合、销售信息、技术指导等服务，引导辖区内商贸流通企业、电商服务企业、供销社、邮政等主体进行信息化改造，提供多种线上线下便民服务，扩大服务规模，丰富服务内容；指导当地村民通过网销产品扩大就业，带动本地电子商务业务发展；同时能够充分展示电商扶贫工作。服务站应能够对服务区域农民的需求和生产进行摸底统计，定期向县电商办或服务中心报送各类信息。

4. 人员配备。每个乡镇电子商务服务站至少配备1名及以上专业操作人员，一般要求初中及以上文化水平；无违法犯罪记录，无不良信誉记录；优先考虑当地居民，具备电脑操作的基本能力，能够应用各个电商平台；熟悉当地产业等基本情况，具备一定的营销能力；认同电子商务进农村项目，接受县级电子商务公共服务中心相应的管理与培训。

（三）村级电子商务服务站（点）建设

1. 建设方式。在交通便利、产业优势明显或人员相对集中的行政村优先建设村级电子商务服务站（点），待条件成熟，再逐步增加站点建设。村级服务站（点）由县服务中心提供统一门头安装、制度墙、电脑、货架、电子荧光板等基本硬件设施，县服务中心可根据站（点）实际情况调整硬件配置。

2. 站点选址。村级电商服务站点建设根据各行政村的交通、产业、网络通信等条件，开展实地考察或由乡镇推荐，确定优先建设行政村名单；村级服务站点具体选址由县服务中心结合行政村内产业合作社、商超、小卖部等实际情况，通过位置条件、人员条件等方式比选确定。服务点的实际经营地应选在村委会所在地或人员相对集中的村组，所在村具备基本的网络和通信条件，做到能对当地农村电子商务发展和应用起到带动作用。村级电子商务服务站（点）建设面积应不少于 15 平方米，配备不少于 1 台电脑，应设有电商办公、商品经营、产品存放等场地，并办理《营业执照》等相关证照，具备合法的经营主体资格，保证正常营业。村级电商服务站（点）选址要充分考虑将物流服务站（点）整合建设，谋求长远发展。

二、建设农村电子商务产业园

农村的电子商务发展和城市相比，存在许多的制约因素，首先农村的思维方式较为固化，习惯于传统的生产和生活方式，接受新事物的能力不足，特别是大部分的年轻人都流向了城市，留在农村更多的是以妇女、老人和小孩为主，这三类群体对于振兴乡村建设的能力、知识技能和行动力不足，对于互联网及相关的技术，特别是电子商务的认识薄弱，无法成为承担农村电子商务发展的核心骨干；其次，和城市相比，基础设施建设上农村相对较为薄弱，特别是发展农村电子商务相关的软硬件设施建设严重缺乏，需要政府统筹资源，整合电子商务平台企业、大型传统企业和第三方物流服务企业共同投入更多的资源和资金，更多农民和合作社在本身电子商务技能缺乏的情况下，电子商务专业服务的机构、企业稀缺。因而造成很多的农村发展电子商务时无从下手，求助的渠道缺乏。而农村电子商务产业园和农村电子商务创业基地就是通过电子商务全产业链各节点的集聚，让农村电子商务产业园成为涉农信息流、资金流、物流、商流和人才流的集聚区，形成集聚效应，全力助力农村电子商务的快速发展。

从 2017 年的中央一号文件开始，国家对地方农村电子商务产业园的建设越来越重视，支持的力度也越来越大，系统性的配套政策也越来越精准。历年中央一号文件提出"鼓励地方规范发展电商产业园，支持农产品电商平台和乡村电商服务站点建设"。农村电子商务产业园的建设，是发展农村电子商务的一个有力抓手，它包括推动农村电商产业集聚发展，大力培育电子商务市场主体，支持龙头企业、重点电子商务企业快速发展，培育更多的销售农特产品的网商群体，全面推进电子商务在农村的快速发展和应用，积极营造农村电子商务行业氛围。通过农村电商产业园，集聚涉农电子商务产业链的各个节点，实现电商数据指导农产品种植、生产和加工，实现农产品的集散和网商供货，实现农产品的品牌孵化，实现农产品的仓储和冷链保存，实现低成本的快递物流以及基于各产业链的电子商务的配套服务和电子商务企业及人才培育。

以沙县电商产业园为例，沙县电商产业园是沙县县委、县政府贯彻落实"互联网+"以及《福建省推动农村电子商务发展行动方案》、促进农村经济新一轮发展的大力举措。沙县电商产业园将助推电子商务模式向传统模式"渗透"，使原有的渠道逐步转化为全程式电子商务供应链的基础并和深度产业链有效合作，为沙县农村电商进行产业集聚、抱团发展创造条件。

（一）产业园概况

沙县电商产业园位于沙县小吃文化城三期，并拥有经营面积近10000平方米。2016年年底落成，2016年12月29日第一家企业入驻沙县电商产业园。沙县电商产业园是沙县开展"大众创业、万众创新"的重要基地，按照国家电子商务进农村示范县的"一个中心、五个体系"标准建设。沙县电商产业园是与中国电子商务产业园发展联盟、福建省农产品电子商务协会合作，通过专业化的服务来集聚农产品各类电子商务企业，引领传统农产品产业经营销售模式的转型升级、专门为农产品电子商务群体、沙县小吃配料供应链管理打造的公共服务平台。

园区还将建成众多沙县籍在外企业家的项目回归创业集聚地，减少中间环节，帮助企业建立线上的盈利能力和品牌影响力，为企业提供"个性化、专业化"的电商解决方案，帮助传统企业利用互联网实现转型升级，实现与电子商务融合发展，实现传统企业的新经济模式提升，使孵化服务与企业需求有效对接。

（二）地理特色

沙县电商产业园位于沙县小吃城三期新城西路14号，距离沙县7路公交车小吃城终点站大约200米。周边有沙县小吃培训中心、特色小吃餐馆、沙县民间手工艺展示区、生活区，具备文化、生活、教育、娱乐于一体。

（三）建设内容特色

沙县电商产业园重点建设农村电商公共服务中心、创业孵化中心，依托村级4.0服务综合体，将电子商务服务和创业孵化下沉，重点发展以乡、村服务站点为单位的涉农电子商务产业链集聚和农产品产销集散中心，实现乡村两级涉农电子商务服务真正的落在基层，实现重点乡村、重点群体和重点农特产品在电商商务发展上率先突破，推广沙县的特色农副产品、沙县小吃配料，以示范带动普及，推动沙县的农业供给侧改革。

园区将打通项目及品牌的所有电子商务营销渠道，整合、挖掘沙县乃至三明地区的非物质文化遗产、民间艺人、手工艺制作及泛大学生群体的发明创造，使之成为沙县技术创新活动开展和交流的场所，实现创意产生和交易的场所，最终通过"众包""众筹""众扶"等手段成为沙县创业者的集聚地。

（四）配套特色

园区设有独立分割的办公区、配套的电子商务培训室、农产品检测检疫平台和开发实验室、创业导师工作室。同时还有创客中心、创客咖啡、会议室、信息中心、O2O展示销售中心、众创中心、孵化中心、培训中心和公共服务中心等各大功能区。

（五）服务特色

入驻企业免费展示网销产品，免费使用公共配套设施，免费参加电商会展服务，园区提供高效快捷的电商基础创业孵化服务。享受第三方运营商提供的免费公开课、免费咨询、免费业务指导、免费孵化支持、免费推介对接以及各种沙龙聚会的增值业务服务等。

园区提供电子商务、实体经营、产品展示、交易、信息交流、文创策划、孵化培训等全流程全方位一站式服务。同时还提供包括电商代运营、电商平台管理、产品设计包装、网络名店打造、筹融资、项目申报、科技认定、专利法律、创业辅导、咨询培训等基础服务。

（六）优惠扶持政策

（1）符合条件的入园企业租金自开园运营2年内予以减免（前两年免租金，第三年免50%，第五年免30%）。按照国家、省、市优惠政策规定执行。同时重大项目一事一议。

（2）同等条件下，入园企业优先参加各类相关展会，并按政策落实相关补助，优先获得申报各级产业政策扶持资格。

（3）入驻企业优惠享受产业园提供的各类培训孵化创业辅导、电商创业专业指导、电商产品拍摄指导、图片美化处理指导、电商文案策划指导、企业运营指导、客服技巧指导等公共服务。

（4）享受免费产品展示。在O2O名特优产品展示区优先享受产品展示和推介服务。

（5）优惠使用公共配套设施。入驻企业按规定使用园区配套公共服务设施。

三、构建农村电子商务物流配送体系

2016年商务部发布了《农村电子商务服务规范》，规范中指出在整合现有的县域物流资源的基础上，进一步整合第三方物流企业、电子商务平台企业、电子商务企业资源，建立完善农村公共仓储配送体系和县级物流中心。县级物流中心包括农村物流仓储中心和物流运输体系建设和农村物流信息管理平台建设，是县、乡、村三级农村物流体系的关键枢纽和指挥中心，是货物集散、仓储、冷链、分拣和货物配送于一体的区域物流中心。

县级物流中心需要建设的内容包括：县、乡、村三级电子商务仓储物流中转、一个物流体系运营团队、一套管理制度和一个高效机制。

县级物流中心主要功能为：仓储、冷链、物流中转和配送功能。县域农村电子商务的发展包括"工业品下行"和"农产品上行"，因此县级物流中心和物流配送体系，首先必须要能够满足本地电子商务的发展需求，包括"工业品下行消费"和"农特产品上行销售"的需求，着重点在于满足"农特产品上行销售"的需求。针对有特殊要求的生鲜农产品，县级物流中心应具有农产品冷链物流设施，有适度规模的冷库仓储，提供农特产品的冷藏、保险等功能。

镇村电商仓储中转配送，主要依托镇级电商服务中心和村级电商服务站，设立电商中转配送点，扩大农村的物流快递业务量。乡村电商服务站承担快递的代收代发工作，可大大节省第三方的物流人工、时间、运输费用，解决物流企业落地难的瓶颈。乡村电商服务站根据服务半径，设计配送库的容量，解决各类农资和农畜产品的仓储中转运输问题，达到便民和缩减物流成本的目的。依托村级电商服务站、便利店、农资店等便民服务网点，在各社区、乡镇、行政村建设乡村物流配送服务网点，集中收发快递。形成县乡村三级物流配送体系，实现从县到乡镇到村的快速配送，为老百姓网销网购提供物流便利，全面推进电子商务进农村工作。

● 附 ××县农村物流配送体系实施方案

一、实施方案

通过第三方企业承建，建成××县物流配送中心，打造"县有中心、乡有门店、村社有点"的仓储物流体系。建立县域农村物流智能配送平台，提高配送效率和智能化管理水平。同时，建立农产品冷链物流配送体系，并与国内大型物流企业的冷链配送体系对接，打通生鲜农产品的上行渠道。

（一）搭建农村物流仓储体系

在县上建立1个县级物流分拣配送中心，建成多个乡镇级配送站，设立多个村级配送点，村级配送点要与村级电商服务点实现整合。县级物流配送中心主要承担上、下行产品的集中分拣，乡镇配送点负责县到村的中间传送，村级配送点负责到户的收发。县内村民购买的网货产品，通过其他快递物流公司配送到县级中心，由县级物流配送体系配送到村到户。村内的网店店主和农民专业合作社网上售卖农特产品由村级服务点收集后，通过县级物流配送体系集中到县，县分拣中心负责派送到各快递机构，再发往全国各地，实现打通网货下乡和农产品进城的"最后一公里"，避免各快递机构在乡镇和村重复设点，造成恶性竞争。形成省成本、速度快、安全便捷的小宗网货流通配送体系。

（二）农村物流运输体系的建设

合理搭建运输体系，配备与需求相适应的运输车辆、配送人员等，确保到村配送时间不超过 3 天。

（三）县、乡、村物流信息管理平台的建设

以县级物流配送体系为依托，建设容纳县级物流中心大宗货物配送及各快递机构小宗网货配送信息于一体，在物流的仓储、配送、流通加工、信息服务等各个环节搭建实现系统感知、全面分析、及时处理和自我调整等功能的现代智慧物流配送平台，并开发相应的手机客户端（APP）。

（四）县、乡、村冷链配送系统搭建

以 ×× 县县域物流仓储中心、乡镇物流配送站、村级物流配送点为基础，企业自行主导购买冷链设备设施，搭建 ×× 县冷链物流系统，并建立与第三方物流企业冷链物流体系的对接机制，打通 ×× 县生鲜农产品配送至全国的通道。

二、建设内容

（一）建立县、乡、村三级物流仓储配送体系

1.建设县级农村物流配送中心。规划建设物流园，采取招商引资、市场化及以奖代补方式，引进专业现代物流企业，培育地方物流龙头企业，建设集农产品分级、包装、预冷、初加工和配送物流一体的县级农村电商物流仓储配送

中心，带动全县农村电商物流发展。

2. 建设 10 个乡镇级农村物流配送中转站。整合跨境电子商务兴边富民 3 年行动计划项目资金，在全县 10 个乡镇建设乡镇级农村物流配送中转站。乡镇农村物流配送中转站要与本乡镇电子商务公共服务站或乡村新型商业中心示范点合并建设，相互融合，相互补充，共建、共享、共用，为本乡镇居民销售当地农特产品和购买生活必需品及生产资料提供服务。

3. 建设 45 个村级农村物流配送中转点。在全县 50% 以上的非贫困行政村和建档立卡贫困行政村建设村级农村物流配送中转点。村级农村物流配送中转点要与本行政村电子商务公共服务点合并建设，资源共享，共同为本行政村居民的农产品上行和工业品下行提供便捷服务。

（二）建立农村物流运输体系

1. 以县级物流仓配中心为龙头，全县乡镇级物流中转站、村级服务站点为支撑，根据县城和各乡镇地理位置及交通情况，整合配送车辆资源，打造城乡物流配送专线，对物流网络尚未覆盖的乡镇、村充分利用现有物流运输资源与人力资源，开辟或延伸物流运输线路。集中配送车辆统一标识、统一规格、统一管理，优先配备使用节能与新能源车辆，适时开展鲜活农产品和冷藏保鲜产品配送；配送中心货架、装卸工具、包装工具等达到标准化、规范化；强化配送车辆、人员信息化管理；整个体系形成一套完整台账记录。

2. 采取"三定三统"的方式，对社会物流资源进行集聚，将网购成品及时运下乡，将农产品快捷运回县级物流仓配中心，发往全国各地。"三定"即定时、定点、定线。定时：每天统一时间从县级物流仓配中心发车，到乡镇级物流中转站、村级服务点时间相对固定，定时往返；定点：县级物流仓配中心与村级服务站点互联互通，乡镇物流中转站作为辖区内货物投递和收发件的集中点，物流配送车定点停靠；定线：农村快递线路相对固定，固定车辆每天往返一趟。"三统"即统一运价、统一服务、统一配送。统一运价：上行、下行货物费用要统一标准收费；统一服务：县级物流仓配中心要开展统一收货、统一存货、统一包装、统一贴单、统一发货服务；统一配送：县级物流仓配中心按照线路统一配送到网点，由各网点将上行货物配送到乡镇物流中转站，再集中运往县级物流仓配中心，发往全国各地。最大限度地减少车次，提升社会物流的利用效率，降低物流成本。

（三）建立标准化农村物流信息平台

建设一个全县电商物流配送管理系统及公共服务平台，用于支撑县、乡镇、村三级物流网络公共服务体系运营，以统揽和有效整合全县现有电商企业和实体企业的物流配送，每天提供全县电商物流实际运行数据，实现对全县电商物流实时监管。系统包含仓储管理、运输管理，制定相应的信息接口标准，对接电商平台、物流设备、物流企业、物流从业人员，实现全流程信息化管控、可视化运营，打造高效率、低成本、低差错率、高安全性的物流运作。

（四）建立高效运营管理制度

针对县、乡镇、村（社区）三级物流网络制定相应的管理办法、物流服务费用、业务流程等。管理办法包括对合同数据的管理、人员培训考核的管理、服务质量管理、售后等；物流服务费用包括基本服务费、保险费、退换货服务费、增值服务费等，按照《中华人民共和国价格法》的规定，遵循公平、合法、诚实、信用的原则，制定明确统一的服务计费规则。

三、保障措施

（一）强化组织领导

县电子商务进农村综合示范工作领导小组具体负责项目的领导监督工作，建立定期协商制度，协调解决运行中存在的具体问题。

（二）加强政策扶持

建立健全县、乡、村三级物流配送准入、行业监管等机制，明确服务质量标准等相关要求，监管、规范和引导物流配送体系建设有序发展。县住建局和各乡镇要在城区及乡镇合理规划确定停靠装卸区域，规范配送车辆定点停靠。完善配送车辆通行政策，适度放宽物流配送车辆通行条件。

（三）严格资金管理

县财政局、工信局要认真做好项目实施过程监督和资金使用监管工作，定期联合纪检监察、审计等部门对项目实施情况进行检查督导，确保中央财政专项资金和政府配套资金安全有效。项目实施主体单位（企业）收到财政补助资金后，应严格执行项目资金使用的有关规定，切实推动项目实施，并建立专档以备检验。

（四）建立长效机制

规范完善县、乡、村三级物流配送运营网络，实现物流货物及快递包裹"统进、统配、统送"，引导电子商务企业与物流企业信息共享，实现电子商务与物流快递的协同发展和高效联动。定期研究区域货物需求结构、比例、流量、流向等内容，为物流配送车辆的配置数量和配送线路优化提供决策依据，着力打通农村物流"最后一公里"。

（五）加强人才队伍建设

强化技能培训，鼓励学校与行业、企业等联合，培育互联网与物流领域复合型专业和应用创新型人才，将物流人才培养体系和国家物流职业资格认证制度有机结合，形成完善的物流人才教育培训体系。加强物流高层次人才的引进、培养和合作，以人才促进全县物流体系发展。

四、农产品冷链物流建立

中国现代农产品储藏、保鲜技术起步于20世纪初。近几年随着电子商务的快速发展，特别是涉农电子商务的井喷，对冷链物流的要求和需求越来越高。冷链物流的优势明显，其特点是环节多、成本高、供应链长，冷链物流主要解决了农特产品易腐烂的问题，提高了对保存温度有特殊要求的产品的保鲜能力，在不影响产品质量的前提下，通过冷链物流解决了特殊产品的长距离流动，也大幅度降低了对温度有特殊要求的产品的运输成本和运输、保存期限。中国的农产品冷链物流将成为未来的"新风口"。

2012年，京东商城、1号店、沱沱工社等电商相继试水冷链物流业务，冷链新兴业态露头。2013年生鲜电商迅猛发展，据不完全统计，目前中国拥有传统冷链物流企业超过万家，冷链物流生鲜电商超过4000家，冷链物流总额超过万亿元。

冷链物流建设的主要内容包括：

（一）冷链物流信息化和标准化

冷链物流企业与省级及全国农产品冷链流通监控平台进行对接，将相关温控信息对接共享到省级、全国农产品冷链流通监控平台，对冷链物流各个环节温度进行监控管理。更新相关标准，加快标准推广应用，不断完善冷链物流标准体系，制定农产品冷链物流地方标准、团队标准或企业标准，或形成本地农产品、食品完整的、不断链的标准体系。

（二）冷链物流基础设施建设

（1）适度支持建设改造标准化的产地预冷集配中心、低温加工仓储配送中心、冷库等设施。

（2）购置必要的冷藏车等设备。

（三）从业人员培训

加强相关从业人员培训，围绕标准化、信息化建设，开展专业技术知识和实操技能培训等。

● ××县农产品仓储保鲜冷链设施建设实施方案

为贯彻落实党中央、国务院和省委、省政府关于农产品仓储保鲜冷链物流设施建设的部署要求，现根据省农业农村厅和省财政厅《关于加快农产品仓储保鲜冷链设施建设的实施方案》文件精神，结合本县实际，就加快推进我县农产品仓储保鲜冷链设施建设，从源头加快解决农产品出村进城"最初一公里"问题，提出如下方案。

一、思路目标

按照"保障供给、降低损耗、做强企业"的工作思路，围绕水果、蔬菜等鲜活农产品，通过鼓励支持新型农业经营主体开展农产品仓储保鲜冷链设施建设，推动完善一批田头市场，实现农业产业仓储保鲜冷链信息化与品牌化水平进一步提档升级，确保鲜活农产品产地仓储保鲜冷链能力明显提高，产后损失率显著下降，使鲜活农产品的附加值增加，持续促进农民增收、农业增效、农业企业做大做强，更好地满足城乡居民对高质量农产品的消费需求。

二、空间布局与申报数量

鼓励支持新型农业经营主体在全县范围内开展仓储保鲜冷链设施建设，与原有乡镇田头仓储冷链物流设施和村级仓储保鲜设施融通，布局形成县、乡、村三级冷链物流体系。实现鲜活农产品产地仓储保鲜冷链能力明显提升，产后损失率显著下降；商品化处理能力普遍提升，产品附加值大幅增长；仓储保鲜冷链信息化与品牌化水平全面提升，产销对接更加顺畅；主体服务带动能力明显增强；"互联网+"农产品出村进城能力大幅提升。优先支持在村镇具有交易场所并集中开展果蔬农产品仓储保鲜冷链服务和交易服务的县级以上示范家庭农场、农民合作示范社。

三、建设内容

新型农业经营主体根据实际需求选择建设设施类型和规模，在产业重点镇和中心村鼓励引导冷链设施建设向田头市场聚集。

（一）预冷库

为采收的新鲜水果和蔬菜在运输、贮藏或加工前迅速去除田间热和呼吸热，建设土建式或组装式预冷建筑（构）物。冷敏类果蔬和要求缓慢降温的果蔬不能用预冷库。

（二）节能型机械冷库

包括高温冷藏库（$-2 \sim 12\ ℃$）和低温冷藏库（$-30 \sim -10\ ℃$）两种，果蔬贮藏一般用高温库，低温库适用于速冻蔬菜贮藏。可新建土建式或组装式建筑结构的冷库，也可将闲置的房屋、厂房等改建为冷库。

（三）节能型气调贮藏库

在呼吸跃变型果蔬主产区，建设气密性较高、可调节气体浓度和组分的气调贮藏库，配备专用气调设备，对商品附加值较高的产品进行气调贮藏。

（四）配套附属设施设备

根据产品特性、市场和储运的实际需要，可配套建设专用预冷设施，配备必要的称量、除土、清洗、分级、检测、包装、带式输送设备、手动叉车、信息采集等设备以及立体式货架等。

四、实施主体

实施主体为县级以上示范家庭农场、农民合作社示范社，可适当放宽条件。优先支持在村镇具有交易场所并集中开展果蔬农产品仓储保鲜冷链服务和交易服务的县级以上示范家庭农场、农民合作社示范社。

五、资金支持

新型农业经营主体按照相关要求，自主开展农产品仓储保鲜冷链设施建设。县农业农村局按照先建后补、定额补助的原则，对新型农业经营主体进行统一规范补助；加强与电力部门沟通，落实农业生产用电价格优惠政策；并将符合农业农村部规定的冷链设施及相关配套设备、信息采集设备产品列入农机购置补贴范围。

六、保障措施

（一）加强组织领导

成立县农业农村局农产品仓储保鲜冷链设施建设领导小组，负责具体指导调度全县项目建设。组建县农产品仓储保鲜冷链设施建设专家委员会，负责全县技术指导。工作领导小组要切实做好项目申报、资格审查、公示、审核、验收、资金兑付等工作，组织开展技术指导和培训。

（二）提供政策支持

积极落实农业设施用地政策，切实保障农产品仓储保鲜冷链设施用地需求。对需要集中建设仓储保鲜冷链设施的田头市场，应优先安排年度新增建设用地计划指标。农村集体建设用地可以通过入股、租用等方式用于农产品仓储保鲜冷链设施建设。

（三）强化金融服务

积极争取地方专项债用于农产品仓储保鲜冷链设施建设，弥补建设资金不足。积极协调推动将建设农产品仓储保鲜冷链设施的新型农业经营主体纳入支农小额贷款再贴现等优惠信贷支持范围，开辟绿色通道，简化审贷流程。要引导银行业金融机构开发专门信贷产品，协调相关农业信贷担保公司加强与银行金融机构合作，对符合条件的新型农业经营主体实行"应担尽担"。要协调推进可统筹资金对新型农业经营主体项目建设贷款给予适当贴息支持。

（四）做好风险防控

县农业农村局、财政局要建立农产品仓储保鲜冷链设施建设内部控制规程，强化监督制约，对倒卖补助指标、套取补助资金、搭车收费等严重违规行为，坚决查处，决不姑息。要严格资金监管，建立健全专项资金使用管理、检查、绩效考评监督等制度，补助资金必须专款专用，不得截留、挤占和挪用。发现公职人员涉嫌违法违纪的，要及时通报所在纪检监察部门查处，涉嫌犯罪的要依法移送司法机关处理。要落实主体责任，组建专家队伍，编写本地化技术方案，压实实施主体直接责任，严格验收程序与验收标准，确保设施建设质量。对实施过程中出现的问题，要认真研究解决，重大问题及时上报。

（五）推动信息化建设

通过农业农村部重点农产品市场信息平台，组织实施在主体采取以自动传输为主、手工填报为辅的方式，全面监测报送产地鲜活农产品产地、品类、交易量、库存量、价格、流向等市场流通信息和仓储保鲜冷链设施贮藏环境信息，坚持项目实施情况，为宏观分析提供支持。仓储保鲜冷链设施，应配备具有通信功能的信息自动采集坚持传输设备，具有称重、测温、测湿、图像等信息采集和网络自动配置功能，实现与重点农产品市场信息平台互联互通，并作为项目验收的重要内容。要充分发挥好农产品产地市场信息数据，加强分析与预警，指导农业生产，促进农产品销售。

五、农产品质量保障体系建设

中国农产品的种植、生产、加工的方式较为传统，大部分都以分散的、个体的形式开展，没有形成规模化、企业化、标准化和可控化的方式，因此在产品质量上很难有效把控，加上农产品缺少质量评价标准和分类标准，造成更多的消费者在面对电子商务的销售模式，没有真实见到产品的情况下，产生了对农产品的不信任，为了解决消费者的关切，改善市场和消费者对农产品的信任，必须建立完整的农村电子商务产品质量保障体系，形成农产品的种植、生产、加工、分类、冷链、仓储的标准，建立农产品的追溯体系，实现农产品从种植到销售的质量保障全过程，为发展农村产业提供基本保障。

2015 年国务院发布了《关于积极推进"互联网 +"行动的指导意见（国发〔2015〕40 号）》，意见中提出积极构建农特产品质量安全追溯公共服务平台，制定和完善相关制度标准体系，支持更多的新型农业种植、生产经营和销售主体利用互联网技术，对种植、加工生产、经营物流配送全过程进行平台化、数据化、可视化和精细化的管理，通过物联网、互联网、二维码等相关技术的运用，实现农产品上下游追溯体系对接和信息互通共享。在国家级、省级农业产业化重点龙头企业，有条件的"菜篮子"产品及绿色食品、有机农产品和地理标志农产品等规模生产主体及其产品率先实现可追溯。将国家追溯平台建成全国农产品质量安全大数据中心，数据分析应用能力进一步提升，全面应用平台各项功能设置、业务流程和运行机制。在项目审批、品牌推选、农产品认证、确定参展单位的同时，要确认农产品生产经营主体或区域内的规模农产品生产经营主体是否开展了追溯管理。要率先将绿色食品、有机农产品和地理标志农产品全部纳入国家追溯平台。加快推进全程追溯管理，延伸追溯链条，建立倒逼机制，推动追溯管理与市场准入相衔接。

● 附　国家农产品质量安全追溯管理信息平台运行技术指南

为切实保障人民群众"舌尖上的安全"，贯彻落实质量兴农战略，全面推进农产品质量安全追溯体系建设，规范国家农产品质量安全追溯管理信息平台的应用，制定本指南。

一、运行准备

（一）软硬件环境准备

1. 国家追溯平台

农业农村部提供国家追溯平台，包括追溯、监管、监测和执法等业务系统，各级监管机构、检测机构和执法机构以及农产品生产经营者应直接使用国家追溯平台开展各项业务。

国家追溯平台官方网址登录：www.qsst.moa.gov.cn。

2. 各类用户硬件配备

（二）网络环境准备

国家追溯平台是基于互联网设计的系统，操作时终端设备需具备能够访问互联网的条件。部省市县乡各级机构及农产品生产经营者使用计算机或移动终端操作国家追溯平台相关业务时，电脑端上网速度不低于1兆（MB）带宽，手机端或PDA上网至少具备3G网络，且能够访问国家追溯平台。

（三）人员配备及账号管理

开展国家追溯平台工作时，各部门应配备相关人员。一是部省市县各级监管机构、检测机构和执法机构配备用户管理员和用户；二是农产品生产经营者配备农产品质量安全追溯内部管理员；三是国家追溯平台软件开发单位配备专业的技术团队、实施团队、培训团队和服务团队等；四是国家追溯平台系统集成单位配备技术支持工程师；五是国家追溯平台项目监理单位配备项目监理人员。

各省各类机构及农产品生产经营者使用国家追溯平台进行业务操作需具备相应的硬件环境。各省各类机构及农产品生产经营者可在充分利用现有办公设备基础上，配备必要硬件设备。

二、业务应用

（一）主体注册

国家追溯平台为各类用户提供主体注册和账号权限分配功能。一是部级监管机构用户管理员通过国家追溯平台分配省级监管机构的用户管理员账号及权限；二是省级监管机构用户管理员通过国家追溯平台分配本级检测机构、执法机构和地市级监管机构的用户管理员账号及权限；三是地市级监管机构用户管理员通过国家追溯平台分配本级检测机构、执法机构和县级监管机构的用户管理员账号及权限；四是县级监管机构用户管理员分配本级检测机构、执法机构的用户管理员账号及权限，分配乡镇监管机构的用户账号及权限；五是各类机构用户管理员登录国家追溯平台，分配本机构用户账号，开通使用权限；六是农产品生产经营者使用国家追溯平台进行在线入网登记申请，填报基础信息，由县级监管机构审核通过后，开通农产品生产经营者用户账号和使用权限。

（二）监管业务

国家追溯平台为各级监管机构提供基地巡查和任务发布信息化管理手段。一是各级监管机构通过国家追溯平台发布基地巡查、风险监测（例行监测、专项监测）、监督抽查等任务和通知公告；二是各级监管人员通过国家追溯平台接收任务，开展基地巡查工作，使用移动专用 APP 扫描农产品生产经营者电子身份标识，查看主体信息，采集录入监管信息，实现监管信息与主体注册信息关联；三是监管人员如遇农产品生产经营者尚未登记，采集录入主体、产品和监管信息；四是监管人员在检查过程中发现问题，可通过国家追溯平台移交执法机构，由执法机构开展后续工作。

（三）监测业务

国家追溯平台为各级检测机构提供风险监测（例行监测、专项监测）和监督抽查信息化管理手段。一是检测机构接收风险监测（例行监测、专项监测）并开展工作；二是抽样人员使用移动专用 APP 扫描产品追溯码，自动获取样品信息，填写抽样信息，实现样品信息与主体注册信息关联；三是抽样产品没有加施产品追溯码的，手动录入产品信息；四是检测机构接收监督抽查任务或执法机构委托任务抽样单并开展工作；五是检测人员在实验室检测时，使用国家追溯平台录入检测结果；六是检测机构开展数据汇总分析，并将结果上报至任务下发机构。

（四）执法业务

国家追溯平台为各级执法机构提供执法信息化管理手段。一是各级监管机构通过国家追溯平台向执法机构发布工作任务；二是执法机构接收工作任务并开展监督抽查和行政执法等相关工作，使用移动专用APP扫描农产品生产经营者电子身份标识，查看主体信息，采集录入执法信息，实现执法信息与主体注册信息关联；三是执法人员如遇农产品生产经营者尚未注册，采集录入主体、产品和执法信息；四是执法机构通过国家追溯平台向检测机构提交监督抽查抽样单；五是执法机构在开展行政执法时，如有需要，可通过国家追溯平台向检测机构发布监测任务；六是监管机构、检测机构和执法机构在国家追溯平台查看工作执行情况。

（五）追溯业务

追溯业务是国家追溯平台的重点，支持农产品生产经营者采集生产和流通信息。一是完成主体注册，登录平台，录入产品信息和批次信息，生成产品追溯码，可打印；二是农产品生产经营者在完成产品信息采集后，进入农业农村部门所管辖的流通环节，农产品生产经营者确定下游主体后，通过移动专用APP扫描下游主体电子身份标识，填写交易信息以及相关承运、贮藏等追溯信息，提交国家追溯平台，下游主体即刻收到推送信息，交易确认后，生成产品追溯码，下游主体尚未在国家追溯平台注册的，由上游主体手动记录相关追溯信息，并保证信息的真实性；三是农产品生产经营者在完成产品信息采集后，进入批发市场、零售市场或生产加工企业时，选择入市操作，如实填报交易信息，生成并打印入市追溯凭证并交给下游主体。

（六）大数据应用

分析决策系统通过数据统计分析、GIS区域分析、风险预警和指挥调度为各级机构的决策部门提供决策支持服务。一是各级机构通过国家追溯平台按区域、时间、产品等不同纬度查看主体注册、产品追溯、日常监管、质量安全监测和行政执法等信息；二是利用 GIS 技术，在地图上查看主体信息、农产品生产情况、农产品流向情况等信息，掌握区域农产品质量安全整体情况；三是采集追溯、监管、监测、执法等业务信息，根据风险预警模型，提示农产品质量安全风险，为各级机构进行农产品质量安全风险控制提供有力保障；四是国家追溯平台提供综合数据动态监控服务，汇总追溯、监管、监测、执法等各项数据，通过指挥调度系统和专家资源库，为农产品质量安全监管决策提供数据支撑。

● 附 ××县农副产品质量安全追溯体系建设实施方案

为加强农副产品质量安全监管，维护公众健康，促进农业和农村经济发展，根据《农产品质量安全法》《食品安全法》等相关法律法规，现结合实际，制定本农副产品质量安全追溯体系建设实施方案。

一、总目标

积极探索"互联网＋农业＋溯源"建设路径，以保障消费安全、服务产业发展为宗旨，融合政府监管、主体生产、消费服务等功能，将农产品生产主体（农业企业、农民专业合作社、家庭农场，下同）纳入信息库，开通运行本区域农副产品质量安全追溯平台，实现消费者对农产品生产主体的逆向追溯，并逐步实现生产主体生产过程的可追溯。

二、建设重点

（1）建成农业生产主体信息库。按照上级要求，将从事主导农产品生产的农业产业化龙头企业、示范性专业合作社、家庭农场等主体纳入追溯平台主体信息库管理，实现主体可追溯。

（2）生产主体开展农产品质量安全追溯。相关生产主体必须解决配套用房和网络接入条件，配置 1 套企业农产品质量追溯信息管理系统，1 台电脑和 1 台二维码打印机，一台农残检测仪及布点摄像头，农业局将联系技术人员进行安装操作培训，各生产单位须在产品包装上标示农产品质量安全追溯码。

（3）生产主体开展上市前质量安全检测。相关生产单位全部建设好自检室并配齐相应设备，利用自检室开展产品自检，并将检测结果上传到区农产品质量安全追溯网站；镇（街道）监管站室对自检产品开展上市前抽检，并做好登记。

（4）后期管理。农业局会同各镇（街道），定期对生产主体可追溯系统使用情况开展检查，组织技术人员开展技术指导。

三、主要内容

溯源体系依托二维码系统运行，该系统是集产品防伪、政府监管、信息发布、数据分析、供应链管理、分销管理、微信管理、物流防窜货、O2O 商城为一体，提供一站式服务的移动物联网云平台。二维码系统重点建设包括一个中心，两个基本点，五大核心功能以及六大增值业务。

一个中心，两个基本点：二维码是以一体化系统为中心，着眼于溯源、O2O 应用两个基本点，为政府企业提供产品防伪、防窜货、积分营销、移动商城、CRM、ERP 一体化解决方案，一站式解决企业产品全链的问题，具有高效、省心的优势。

五大核心功能：二维码系统通过产品防伪、物流防窜货、积分营销、O2O 商城、全程溯源，可以帮助企业完成产品的全流程溯源和营销管理。

六大增值服务：使企业拥有最便捷的系统操作体验，同时确保企业获得最强大的产品全链管理能力；二维码系统大数据；CRM 为企业产销提供分析；以跨界营销、微信管理为企业增加流量；以分销、供应链管理为企业创造便利。

（1）建立一级特色农产品及农产品深加工产品溯源监管系统。依托区域农产品上行战略合作公司，开发"本区特色产品及农产品生产加工溯源监管系统"，通过使用溯源系统的产品身份证、管理功能，逐步建成镇（街道）统一监管、统一认证、统一规范的农产品监管体系。

（2）在合作过程中形成特色产品身份证标识，通过身份证标识为参与溯源的农产品提供政府认证，同时通过销售赋有产品身份证的产品打造政府、特色农产品统一形象，强化农产品品牌意识，推广农产品品牌影响力，提升农产品品牌价值，让优质农产品向质优价高的品牌化方向发展。

（3）将产品身份证和地方旅游结合，通过对产品扫码了解地方的旅游特色和文化，将旅游门票和线上特色馆结合，通过扫码实现对于地方优质农特产品的选购。实现互相引流，互相推动。

（4）整合质检认证和保险理赔，提供农产品全方位保障服务。通过区域农产品上行战略合作公司与第三方保险理赔达成深度合作，由第三方保险理赔对溯源示范农产品提供保险理赔服务。第三方保险理赔将参考特色农产品溯源监管系统数据、第三方质检检测资料、产量，对溯源示范特色农产品承保。通过第三方保险理赔在特色农产品溯源监管系统上提供的快速理赔服务，打造农产品标志性的"溯源、检测、理赔"服务闭环。

（5）发展特色农产品溯源纵深，建成一流农产品溯源示范区。打造模式，建立本区农业大数据云平台。

（6）在完成溯源示范产品的"溯源、检测、理赔"流程，打造特色农产品溯源监管雏形的基础上，拓展溯源产品品类，基本实现农产品可溯源监管，建立健全区域消费品质量安全监管、追溯、召回制度，实现智能化质量安全监管和大数据云平台。

六、农村电子商务中的农业品牌建设

农副产品品牌的打造其中最重要的内容就是农产品的标准化问题，农产品在标准化的建设上没有完善的体系，相比较于工业品，在标准化的制定上难度更大，为了农产品更加适应互联网和电子商务，必须制定可操作的相关标准，从农产品的种植环节入手，通过标准化的流程开展种植、加工、品控、冷链、包装和管理，通过标准化的操作来保证农产品的质量。通过标准化和规范化的种植、生产和管理，从农产品的源头进行把控，保证农产品的质量，在这基础上，完成农产品的品牌打造，实现农产品价值的最大化。在保证农特产品质量安全的同时，进行农副产品的品牌建设和打造，以通过农产品品牌提供实现农产品溢价。有了品牌的农产品，可以大大提高消费者的认可和关注度，将品牌的农产品和非品牌的农产品有所区分，农产品的品牌化既可以大幅度的提升销量和溢价，又可以给更多的消费者提供多样化的选择。

农产品品牌推动人才积累。同时，农产品的品牌打造，除了农产品的种植者外，还需要更多的营销人员。一方面，引入更多的专业人士参与品牌打造，另一方面，作为种植者和生产者，除了种植基本技能外，还需要更多的营销推广，提升农产品的利润空间，内培外引，吸引更多的与电子商务整个产业链相关的专业人士加入到农村电子商务的发展中，形成农村电子商务的人才集聚，提供农村电子商务整体发展的速度和质量，让更多的电商专业人才集聚，形成人才、行业的集聚效应。

（一）好品质是农产品品牌建设的基础

在中国农村，各地的农产品品种大多相近，但不同产地的农产品其品质存在很大的差异，哪怕同一场地，同一批次种植的农产品都会存在差异，外观、大小、口感等各不相同。当优质品种推出后，得到广大消费者的认知，消费者就会尝试性购买；当得到认可，就会重复购买；多次重复，就会形成对该品牌农产品的信任和忠诚。农产品的品质是品牌运作的基础，也是最为关键的首要因素，没有好的品质，无法做到品牌的持续化，好的产品是一切营销的基础。

（二）挖掘品牌内涵是农产品品牌建设的关键

美酒酿成，还需有人当歌——"我有一碗酒，就要你好故事"，用这句话来形容当下的农产品品牌营销的现状可以说是再恰当不过，故事在此就是农产品的文化和内涵挖掘。品牌的运作是一个完整的运作，除了农产品本身在保证质量的基础外，还需要挖掘当地的环境、人文、故事、历史等因素，通过农产品背后的元素，打造品牌。将产品的文化和时代内涵进行挖掘，需要一定的功力。

农产品也这样。品牌与产品从来都是紧密联系在一起的，把众多产品的亮点表现出来，这是品牌故事的一个基本的要求，打造一个有分量的品牌也是各位经营者所追求的一个重要目标。

（三）好的外观设计是农产品品牌建设催化剂

商品包装是消费者面对产品最直接的信息传达因素，好的外观设计和包装可以大大提升消费者的消费欲望，因此，对于商品的包装不可轻视，是品牌建设和商品销量的催化剂。大部分企业，包括很多设计师都是在思考怎样把包装设计得更美更漂亮，更重要的是包装设计中要融入营销的思维。最直接的目的就是让客户销量倍增。

（四）农产品品牌建设——也要有好的推广方式

当今品牌推广方式有许多，如电视广告宣传、报纸杂志宣传、户外广告牌宣传、网络宣传、电台宣传等。在选择品牌推广方式的时候要综合考虑自身企业的实际情况，如资金的可调用度、人群获取信息方式等。中小企业在进行品牌推广时要考虑区域性、宣传手段，做到符合当地人的习惯，一步步地进行推广。国际品牌网建议各大企业注重网络品牌推广，随着网民数量的增大，网络宣传越来越成为一种重要的推广方式，且其低消费符合众多企业的需求。

● 附　××县农村电子商务品牌培育及营销服务体系建设实施方案

根据《国务院办公厅关于促进农村电子商务加快发展的指导意见》（国办发〔2015〕78号）等文件精神，结合我县电子商务发展实际，特制订农产品上行项目实施方案。

一、总体思路

依托本县电子商务进农村综合示范工作，推动全县居民创新、创业、创收，促进农特产品上行，带动农村经济发展，完善农村现代商贸流通体系。打造"互联网＋县域＋特色经济""互联网＋合作社＋公共品牌""互联网＋旅游＋智慧民宿"的新业态。优化本县本地电子商务创新创业外部运行环境，建立有序的市场环境，加大对县域经济公共品牌及企业品牌的培育支持力度，提升我县农产品、乡村旅游的市场竞争力，让农村电商发展惠及更多重点贫困村和贫困户，推动农产品、乡村旅游及服务产品电商化，促进农业发展方式转变，推动产业融合发展。

二、基本原则

（一）市场主导，政府扶持

坚持市场主导原则，加强示范引导、统筹协调、政策支持。充分调动相关部门广泛参与和支持农产品上行的积极性。

（二）统筹规划，创新发展

坚持规划先行原则，充分利用现有资源，围绕"农产品进城"和"工业品下乡"两个关键点，不断完善体制机制，整合内外资源，打通上下行通道，着力推进农产品上行，加快脱贫攻坚步伐。

（三）突出特色，重点培育

坚持突出特色原则，重点培育具有地方特色和区域优势的产业。充分发挥我县枸杞、旅游等特色产业、产品优势，做好"绿色""有机"等文章，完善产业链，打造生态圈，大力培育农产品龙头企业，扩大网络销售规模，优先选择农民急需、受益面广、竞争优势明显的行业和产品进行示范，全县范围内以点带面、全面推广。

三、目标任务

（一）农产品质量安全保障体系建设

建立健全农产品加工、流通标准、提供技术服务、农特产品检测、质检及认证体系，建立追溯管理运行制度，搭建和使用信息化追溯平台，加强对农特产品生产及流通全过程的监督管理。强化市场准入，严格把好农特产品入市交易关，形成完善的农特产品安全质量保证体系。扶持我县各类产品的品牌培育工作，对年度内取得商标、QS、SC、无公害、绿色、有机、国家地理标志、食品生产许可证等认证的经营主体，给予资金补贴。

（二）农产品电子商务供应链体系建设

一是结合乡村两级物流配送，建立农特产品集销体系和可追溯体系。同时向各类农牧业企业、合作社和电商企业提供仓储、包装、发货等服务，向消费者提供优质、实惠、可追溯的农特优产品。二是采取政府扶持、企业主导的原则，积极培育本土市场，在县电商中心、茶园景区建O2O实体店，让更多的农特产品通过线上线下等新的销售模式销往全国市场。

（三）农产品电子商务营销服务体系建设

以县级农村电子商务公共服务中心为载体，整合县域资源，建立健全电子商务营销服务体系，提供农特产品品牌注册、品牌培育、网络营销策划、包装设计、视频拍摄、代运营、运营推广、第三方平台对接、分拣、检测建设等服务，实现农特产品存得住、运得出、卖得掉、赚得到。

1. 依托县电商公共服务中心，整合电商企业，利用农村淘宝、京东、中粮等电商平台开设"特色馆"，吸引本地产业龙头企业、特色农产品上行销售。引导和鼓励本地龙头企业、农民专业合作社、特色农产品生产企业线上线下同时销售。

2. 依托商会、行业协会等组织的信息和资源优势同采同销，积极协调外部资源，搭建流通平台，促成农特产品线上线下大宗交易。

3. 积极打造农产品内销（乡村→县城社区）、外销（县城→全国）两个销售渠道，鼓励创业者围绕两个销售渠道创办各类服务业。

4. 鼓励本地农业龙头企业和实力电商企业建立合作，推广"农业龙头企业优质产品＋实力电商企业技术渠道"模式，发挥各自优势，强强联合，加快农产品上行。

5. 积极推进物流配送，补贴物流费用，解决上下行的物流问题，吸引更多农村种养殖户加入，促进农产品网络销售工作。

6. 组织商会、行业协会等赴原产地、农产品上行优秀电商企业等地进行实地考察学习，交流讨论，学习成功经验。

（四）旅游电子商务销售体系建设

加快推广电子商务在旅游方面的应用，通过自主搭建平台和入驻第三方旅游电子商务平台的方式，构建旅游电子商务服务体系，依托景区等独特的旅游资源，扶持打造"民宿"自主公共品牌，帮助家庭宾馆入驻知名旅游电商平台，并提供拍摄、培训、注册、托管等增值服务，统一家庭宾馆服务标准，建立评价制度，培训标准化服务流程，统一打造"民宿"品牌，统一注册商标，统一制作包装一次性酒店用品等，统一宣传营销，线上线下打造"民宿"品牌，为拉动乡村旅游经济，实现产业融合贡献力量。

（五）网商创业者孵化体系建设

支持各类有志从事电子商务的人群（城乡大学毕业生、待业青年、返乡务工人员、退伍军人、贫困人员、妇女以及具有一定劳动能力的残障人士等）进行创业、就业，壮大农产品上行创业从业群体，并对贫困人员在创业过程中在工商注册、检测等方面提供减免费用的政策支持。

（六）农产品品牌工程体系建设

加快实施农产品品牌战略，创建名、优、新、特农产品品牌。大力推进无公害农产品、绿色食品、有机农产品和农产品地理标志认证"三品一标"工程建设，把"三品一标"和农产品商标列入品牌创建重点，积极申报绿色农产品和实施原产地保护，扩大品牌知名度和影响力。加强农产品质量管理，建立健全农产品质量标准体系和认证管理制度，大力推行农产品标准化生产，做到质量有标准、生产有规程、产品有标志、市场有监测。整合县内名、特、优农产品资源，建立产品资源库，着力推介枸杞等有品牌、有包装、有规模、有市场的本土特色农产品，供电子商务创业者进行网上销售。

（七）农产品上行推广体系建设

充分利用好推介会、招商会、展销会等平台，打造良好区域公共品牌形象，并利用媒体广告、网络营销、专题报道等多种促销手段，进行县域公共品牌和企业品牌的宣传，提高公众对本土品牌形象的认知度和美誉度。同时重视现代物流新业态，广泛运用现代物流配送体系、电子商务等方式，开展网上展示和网上洽谈，增强信息沟通，搞好产需对接，通过对区域公共品牌的有效运作，不断提升品牌价值，扩大知名度。

四、保障机制

（一）加强领导，统筹协调推进

县电子商务产业发展领导小组各成员单位要高度重视，统筹协调解决农产品上行中遇到的困难和问题。

（二）强化宣传，发挥示范带动

加大政策支持力度，加大农产品上行宣传力度，推动社会各界关注支持农产品上行和农村电子商务发展。发挥示范带动作用，树立典型，营造良好氛围。

七、使用事件营销策划和运作农产品电商

事件营销是通过挖掘有价值的新闻、事件，通过策划，形成公关影响力的"新闻点"，以吸引媒体、消费者和社会组织的关注，用于品牌提升，实现企业和产品的社会影响力和良好的品牌形象，达到企业和产品的社会知名度，扩大产品的销售和价值最大化。事件营销的精髓是挖掘"新闻点"，形成公关影响力，从新闻学角度看，事件与活动具有相对短暂性，但同时又伴随着巨大的影响力。因此一次合格的事件营销可以以极低的成本获得更多的关注。事件营销具有很强的时效性、偶发性。在实际操作中，我们要做到融会贯通，快速调整策略，快速落地。

事件营销所借助的事件可以分为真实性事件和策划类事件。一个事件的选择，是否能蔓延，需要有很广泛的群众基础，一个有话题性的事件最容易在用户中自然传播。因此事件的选择首先需要有很强的话题性。一个事件的传播广度和深度，往往是由用户的关注度决定的，与话题讨论的热度相关。一则成功的事件营销需要包含众多的要素，要素越多事件营销成功的概率越大。事件价值的要素同时也是事件营销成功的要素。一个话题性事件如果"有料"或有"爆点"，这个事件就会快速地被传播。如常见的易传播的话题性事件有这几

种类型：节假日活动、特殊天气、大型赛事、娱乐活动、民生热点、新科技、新发现、名人逸事等。

在真实性事件发生后进行热点事件营销的计划性很差，更多的是借助于热点试点，我们这里主要讨论的是策划类事件，即为了营销活动策划的热点事件。

事件营销的要素主要为：

（1）知名效应。知名效应是指知名的人物、地点和文化等，知名的程度越大，其产生营销的价值也越大。利用知名的人物、地点和文化产生的影响力，通过策划、组织服务于营销，国家元首、知名人士、名胜古迹、特色文化是事件营销的重点，也是消费者容易信任的因素。如饮料品牌健力宝。健力宝在亚足联某次会议中免费赠送产品，同时聘请了专业摄影记者，随时关注亚足联主席，当亚足联主席一拿起健力宝，就进行拍摄，提取营销素材，充分借助名人，让消费者认可健力宝，最终健力宝成了当时中国奥运代表团的首选饮料。健力宝充分利用了和本身没有任何一点关系的名人，形成营销力最大的营销事件。

（2）热点事件。热点事件可以借势也可以造势。借势是把热点事件的高关注度嫁接到自身产品上，造势是创造一个新的概念，引发群体关注和追捧。

有些事件是比较特殊的，不能轻易触碰。例如，政治、安全事件、自然灾害等热点事件，因为与法制和道德相关，不要尝试做事件营销。因此，事件营销是一把双刃剑。

热点事件营销的操作方法：

（1）事件和热点的选择。挑选热点和事件，不管这个热点是人还是地还是事件，都需要将热点和自身的营销产品、营销目标相结合，热点是服务于我们的营销的。因此，首先要明确营销的最终目标和要达到的预期，是提升品牌的影响力还是提升产品的销量，不同的营销目标就必须要选择不同的营销方法和不同的热点；其次需要热点与营销目标的结合点，热点必须有一个切口和我们的目标相融合，寻找到强黏连、强互动的借力点，根据产品营销的目标，充分利用热点的借力点作为产品的烘托和支撑。如果没有使用的价值，不可强联，有可能产生反作用。

（2）策划。切入角度，如何把热点与营销目标相结合，寻找角度和切入点。通常使用的有借势热点事件切入，利用当前热点事件，与企业自身的品牌、产品和服务等特质结合起来开展营销活动；新颖概念切入，通过提出一些新颖的理念和概念，吸引目标用户的注意力和购买欲望；明星效应切入，通过选择明星代言产品，提升产品的价值，利用明星的效应提升企业和产品的知名度，但在明星的选择上要通过产品的特性和产品的用户群体综合衡量；热点舆论切入，通过当前热点舆论，策划和设计与自身企业和产品相关的软文，提升企业美誉度和产品的销量；造势新闻事件，通过当前热点事件造势来获得用户媒体的关注；活动切入，通过各种宣传活动，获得用户及媒体关注，比如公益活动；赞助冠名切入，通过冠名赞助相关活动，提升自身的知名度。

发布渠道非常重要，一般来说，发布渠道主要为社交平台，比如微信、自媒体、今日头条等，通常会采用新闻发布会，通过媒体的渠道来推广新品牌。利用名人效应，采用名人发布会。

事件营销的7个策略：

（1）美女牌。美女是永恒的话题和讨论热点，也是最容易策划和执行的营销推广元素。因此在策划事件营销时，若确实找不着好的创意点，暂且考虑打美女牌，尽管招数有点儿老，但却十分有效。

（2）感情牌。俗语说"人心都是肉长的"，要是我们内心记挂着顾客，可以为顾客做一些实事，顾客一定不会视而不见的。尤其是我国的顾客，非常容易被打动。要是我们把分内事做足，大家就会感激不尽。比如这方面最经典的实例，就是海尔厂长张瑞敏砸冰箱的故事。

（3）热点牌。出现社会热点话题时，新闻媒体常常都是闻风而动，四处收集相关信息素材。并且这些社会热点，也是群众关心的焦点。因此假如恰当围绕这些社会热点来策划营销事件，则会达到事半功倍的效果。

（4）争议牌。以前不断提及，争议是永恒的热点，争议是最容易引起大家关注和传播的方式。在策划事件营销时同样如此，争议越大，事件越成功。

（5）公益牌。公司发展离不开社会发展，没有社会的发展也就没有公司的发展。而作为有良知的公司，有义务和责任回馈社会。有个名词，叫"企业社会责任"，是指公司对投资人之外的利益相关者群体所担负的法律责任和道义责任。而公司在做慈善活动、回馈社会的时候，再顺便宣传一下自身的产品，确实是一箭双雕的美事。

（6）名人牌。名人效应的杀伤力不容小觑，知名人士摔一跟斗，都会登上新闻媒体头条，要是被知名人士光环笼罩到，都会成为被关注的焦点。

（7）新奇牌。对于新鲜的事情，群众一直充满兴趣，维持着高度的关注，这是因为人们骨子中的"求知欲"在作怪。而假如我们在策划事件营销时，可以满足大家的好奇心理，自然会变成大家的焦点。

农产品事件营销注意事项：

（1）产品授权：产品授权牵涉两个层面，一是相关的农产品的授权和许可；二是相关热点事件中牵涉到知识产权的授权和许可。

（2）具有合理性和逻辑性：事件营销，无论是借助热点还是借助名人，结合到企业和农产品营销时，切入的角度，一定要体现关联度和黏合度，具有一定的合理性和逻辑性，要经得起消费者和媒体的推敲和讨论，不可无中生有，生搬硬套，否则只会起反作用。

（3）找到关键点：营销的事件，必须要找到和农产品结合的关键点，要四两拨千斤，使用更少的资源实现更大的价值。

（4）长期性：真实的农产品营销，不是一个短期的行为，也不是一票子买卖，品牌的建立是个长期的过程，品牌的维护也是个长期的过程，因此，在事件营销中，切不可短期为之，需要从长计议，形成有延续的系列营销。

（5）遵纪守法：在事件营销中，首先需要遵纪守法，不可违反伦理道德，积极向上，不可打擦边球，而无节操地做炒作。

下面结合一些经典案例来一一讲述。

（1）紧跟政策型：国家政策具有最大号召力与影响力，各大平台和企业往往为了借国家的势，通常都会紧紧跟着国家的政策走向，抓住国家政策及热点，结合自身的企业和产品策划相关的活动，让消费者在了解国家政策的同时，也了解营销的企业和产品，紧紧抓住消费者的眼球。各个企业及农业主体可结合自身情况，响应政府政策，借助平台提供的机会，整合资源，参与活动做营销。

案例：还看今朝——河南。央视新闻喜迎十九大特别节目：河南农产品"上了天"，河南制造的航空食品从"神8"开始就承担了近百种太空食品的研发，其中"神11"太空食品中就有19种来自河南的太空食品。

（2）社会热点型：信息时代，信息的传播速度加快，社会热点层出不穷，能瞬间吸引很多人的眼球，做营销就要随时关注全球发生的各个大小时事，留意社会和消费群体当前的热点，结合自身的企业和产品，挖掘结合点，充分发挥热点对企业和产品的影响力，策划有黏度的、有创意的、积极向上的、有意义的活动，借助热点吸引关注。

案例：南海问题引世界瞩目，国人愤慨。"插着国旗去捕鱼——南海第一捕鱼活动"，首次让互联网挺进祖国最南端海域，激发国人爱国情怀，做中国人吃中国鱼，掀起一次万人团购南海鱼的活动，同时，站在国家海域主权独立、开拓南海资源等新闻点上去引起大量新闻媒体的关注。

（3）名人站台型：借助名人的影响力，邀请名人、政府官员、有社会影响力的企业家等"权威人士"为活动站台，可让活动在吸引人气方面起到事半功倍的效果。粉丝经济不可小觑。

案例1：广为人知的就是褚橙、柳桃、潘苹果，一个人带动了一个产业。还有李冰冰、黄晓明、任泉三大明星入股韩都衣舍，香港美食家欧阳应霁出镜助售云南松茸等。

案例2：土豆姐姐与刘大成在央视舞台上合唱过后，利用名人粉丝效应，在微博上发起了一个"土豆姐姐"万元征集"土豆广告语"的活动，得到了全国几十万人的响应，此后被评为"营销热门事件"代表人物和"一夜成名的中国品牌"代表。

（4）讲故事型：挖掘不到可策划的政策、热点和事件时，可以考虑从产品的故事、产品的文化角度策划。利用人们的感情，通过背后悲怆的、感人的、激昂的、爱情的、亲情的感人故事，让消费者感同身受。

案例1：京东首个农村电商试点县四川省仁寿县的首届线上枇杷节。深入枇农地头，通过采访，将枇农辛苦种植枇杷的故事拍摄成视频，为枇杷节的成功举办提供了支持。

案例2："乡土乡亲"从生产的溯源出发，生长在什么地方，采茶日期，采茶人是谁，炒茶的又是谁，都会有说明。包装里面都有手写的贺卡，像朋友一样，"每个人都有自己存在的价值，生活非常不容易，但是远方会有一个老朋友等你"。这是一个非常鲜活的产品。喝得放心，喝得健康，喝得有情怀。这就是它与其他产品不同的地方，也是最为亮眼的地方。

八、消费品下行和农产品上行

农村电子商务在国家20多个高密度政策文件的推动及商务部电子商务进农村示范县（三批次共496个县）的引领下，不但将其推向政策和产业的"风口"，而且也带来了前所未有的商机。发展好农村电商，一是让工业品下行，让更多的优质的工业品通过电子商务走进农村市场；二是让更多的优质农产品出村进城，让农产品通过互联网上行。农村电子商务发展从总体上看，"工业品的下行"的投资力度和产生的效应远远大于"农产品的上行"，如何通过"工业品的下行"带动"农产品的上行"需要更多的实践，切不可让"工业品的下行"和"农产品的上行"成为"长短腿"，从乡村振兴、农村产业振兴和增加农民收入的角度"农产品的上行"更为重要。二是从长远来看，呈现"农产品上行"和"工业品下行"的总体效应区域同步。

以 2015 年为例，农村电子商务相关的数据总体不错，但是通过相关数据进行分析，可以看到农产品上行和工业品下行发展不平衡，两者相差两千多亿元，在工业品下行中，把农资下行也算在内的话，两者相差近五千亿元。这可以很清楚地说明目前农村电子商务发展还很不平衡，"工业品下行"还是目前农村电子商务的主要内容。我们看到发展农村电子商务不但完全没实现"农产品上行"的初衷，反而让农村经济"失血"，所以从这个角度有人说目前的以"工业品下行"的电子商务模式"抽血"农村经济。基于此点，国家发展电子商务的初衷肯定是让农村的钱袋子"鼓起来"，而不是"瘪下去"。所以，长远来看，农村电子商务的发展一定是以"农产品上行"为主、"工业品下行"为辅的格局。

● 附　××县农产品上行销售方案

为推动本县农产品上行销售，打破地域空间限制，充分开拓农产品国内、国际市场，提高特色农产品知名度，降低流通成本，解决农产品卖难问题，增加农民收入，特制定本方案。

一、总体要求

以本县农特产品为基础，重点对本县地方特色产品、养殖畜牧、生鲜水果系列及旅游产品进行品牌化建设，打造整齐划一的全网络多渠道供应链体系。推动本县当地农特产品生产、加工，流通企业加快应用电子商务，促进线上线下融合发展，构建紧密的供应链条。提高农特产品的商品化率和电子商务交易比例，促进农村产品上行销售模式发展，拓展农民增收渠道。

二、发展目标

依托现代信息技术和物流手段，将农户、专业合作社、农业企业产品的销售半径延展至全省乃至全国，大幅度减少产品流通的中间环节和交易成本，实现生产者和消费者的直接对接，使生产者得到流通环节的全部增值收益。以机制、技术和商业模式创新为动力，以农民增收为核心，以生产基地建设为基础，以农产品加工为引领，提升农业价值链、完善供应链、延长产业链，通过农业相关产业联动集聚，推动农产品生产、加工、销售及休闲农业、乡村旅游等服务业的有机整合，促进农村一二三产业紧密连接、协同发展，最终实现农业产业链延伸、产业范围扩展和农民收入增加。

三、工作措施

（一）做好线上线下市场拓展

组织发动农民专业合作社、生产加工企业、种养殖业大户等在农产品交易网、农产品信息网等全国影响较大的网站，定期发布主要农特产品信息，提升我县农特产品知名度和影响力。组织、引导和支持有关经营主体在淘宝、天猫、腾讯、京东等国内知名电子商务平台开设旗舰店、专卖店，借助平台优势，开展农产品线上线下营销。要依托全国各大知名电商平台，探索采取"企业＋基地＋网店"或"协会＋合作社＋网店"模式，发挥企业、协会和专业合作社作用，大力发展农产品营销和订单农业，进一步拓展我县农特产品销售渠道，扩大销售规模，促进农民增收。

（二）培育扶持一批有影响力的电子商务企业

选择县内有代表性的生产加工、营销企业、营销大户，在资金筹措、人才培训、技术服务等方面给予支持，帮助其发展电子商务。鼓励个体工商户、下岗职工、农村致富带头人等开设网店，实现创业就业。

（三）培育打造公共品牌

遴选名优农特产品，通过专业团队的品牌策划、工艺提升、包装设计、营销推广等手段，突出本县特色，打造本县网络销售公共产品，将千家万户的产品纳入本县特色品牌系列，通过电商渠道销售到全省乃至全国各地。根据我县产业优势和特色，支持企业建设现代物流等区域性服务业电子商务平台，以电子商务发展推动传统企业和特色产品转型升级。加快"三品一标"认证工作，培育一批产量大、品质优、影响广泛的特色农产品，提升我县农产品的质量和档次，扩大产品的市场竞争力。

（四）建立农产品质量溯源体系

推进电子商务诚信体系建设，建设产品质量控制和质量追溯体系。由有关部门负责农产品、畜产品的检验检疫工作，建立健全农业标准、质检及认证防伪体系，搭建信息追溯平台，加强对农特产品生产及流通全过程的监督管理。建立诚信守法监督巡查制度，县电子商务工作领导小组每年组织开展产品供应商和电商企业的诚信评估，并予以支持奖励，以金融业征信平台为依托，建立信用信息共享机制，严厉打击侵犯知识产权、商业欺诈、不正当竞争、网络传销等违法行为，努力打造本县商务可信交易环境，不断提升我县电商信用水平。

（五）夯实农村物流基础设施建设

借力邮政、中通、圆通等物流资源，逐步健全县物流配送体系。加快县、乡（镇）、村（社区）三级物流配送体系建设，积极健全与电子商务相配套的物流配送。推动农村流通设施和农特产品批发市场信息化提升工程，鼓励和支持电商企业参与农特产品流通和农村物流体系建设。加强农产品仓储物流设施建设，改造和新建一批农产品产地预冷、销地冷藏和保鲜加工设施，支持农特产品外销和运输企业购置冷藏运输车辆，提升冷链运输规模化、集约化水平，降低农产品外销成本。

（六）孵化培育电商人才

整合资源，建立覆盖对象广泛、培训形式多样、管理运作规范、保障措施健全的培训体系。利用就业培训、职业学校等现有资源，或依托第三方培训机构，以政府购买服务的方式进行电子商务普及培训和创业提升培训。建立多层次的农村电商培训机制，因材施教，根据不同的培训对象，制定不同的培训课程，将培训与农村电子商务公共服务结合起来，为参训人员提供综合服务，跟踪指导，确保培训产生实效，壮大我县农产品上行创业从业群体。

四、保障措施

（一）加强组织协调

县直各相关部门要各负其责、相互配合，根据各自职能职责，采取得力措施，抓好协调、服务、指导、督促、检查等工作，全力抓好农产品网络营销。

（二）加强电子商务市场管理

加大网络市场监管力度，严厉打击制假售假、价格欺诈、不正当竞争等行为，维护市场秩序，努力营造诚信经营、放心消费的良好环境。相关部门要健全农产品质量安全监管体系，建立完善的瓜菜、畜禽产品、特色林果产品市场准入和产地准出制度，加大例行检测力度，严肃查处取缔无证无标经营行为，保护品牌商标，维护良好信誉，促进农产品网上交易顺畅平稳。

（三）加强宣传推介

充分利用搜索引擎、大型门户网站、微博、微信等新型网络媒体和报纸、杂志、广播电视等媒体大力宣传我县农产品，提升知名度。利用网络平台、展示展销会等多种渠道，宣传本县农产品的特色优势。

九、农产品卖点挖掘

农产品有很强的地域因素限制，赋予了其很强的地域性，而地域的复杂特点，就使得地域农产品带有很强的特色。同时，"卖点"是给产品的消费者看的，消费者的观念就是我们"卖点"的构建基础。所以，我们要在了解农产品地域性和顾客消费观的基础上，去发现创造农产品卖点。

（一）发现农产品带有地域性的"卖点"

农业生产带有很强的地域性，地理环境对农业的影响是显而易见的，而多样的地理环境，赋予了农产品很强的地域特点，这也就是我们要发现的农产品"卖点"之一。其实，地域性的农产品是人们经过长期的实践，总结出来的经验，每个地区都有其合适生长的农产品，一般来说，这一点不会随着种植技术的进步而改变，带有地域性的"卖点"主要有以下几点。

（1）地域种植环境：包括地理特点、气候、土质，等等，每一个种植区都有其特有的地域特点，传统农产品产区，由于合适的地理环境，一直以来是某些产品的优质产区。

（2）产品品质：这也是由地域特性决定的，合适的地理生长环境和合理的种植技术才能产出优质的农产品。

（3）产品地域历史：地域性农产品经过人们长期的实践，总结出很多经验，特色农产品的地域特点决定了其一定有很强的地域历史，也是此地区适合种植此产品的有力见证，也就涉及农产品原产地的"卖点"。

（4）国家机构认证：我们国家为了优化农业产业结构，提高地区农产品的竞争力，一直加强对特色农产品的地域性认证，比如地标产品认证、有机认证，等等。

比如：五常大米，黑龙江省哈尔滨市五常市特产，中国国家地理标志产品。五常市地处黑龙江省南部，地貌呈"六山一水半草二分半田"格局，水量充盈；土壤类型主要以沙壤土和草甸土为主，土壤酸碱度、有机质和微量元素含量适中。具有特有的生态环境，地域的气候非常适合大米的种植，在独特的气候下种植的五常大米质量优，营养成分高，双链糖含量高，吃起来非常香甜和美味。曾获得过中国国际食品博览会"国际食品质量之星"称号和"中国驰名商标"。五常大米，就是充分利用其地域性的"卖点"，严格把控产品品质，开拓了其庞大的稻米市场。

（二）创造农产品的人文"卖点"

随着人们消费观的进步，人们除了注重农产品绿色健康的品质要求之外，更青睐于一些带有人文故事的农产品，这是消费者满足物质和精神双层需求的体现。人文"卖点"，可以感人、可以情怀、可以有趣、可以是历史典故，有品牌故事的产品，更利于产品的传播和流通。

高端营销讲故事、中端营销讲场景、低端营销讲产品，所以说创造农产品的人文"卖点"是很有必要的。比如，冰糖橙，甜橙的一种，云南著名特产，以味甜皮薄著称。甜中微微泛着酸，像极了人生的味道，由于它是由昔日烟王红塔集团原董事长褚时健种植而得名，也叫"励志橙"，商业品牌为：云冠橙。

下面，通过4个农产品销售的真实案例故事剖析农产品销售两大焦点问题的方案解决。

1.讲好品牌故事身价十倍

褚橙，是中国农产品中品牌和营销做得最成功的水果。在国内有很高知名度的褚时健经历过跌宕起伏的人生后，在75岁重新进行创业，承包了果园开始了橙子的种植，产品号称褚橙。褚橙诞生后，因"人生总有起落，精神终可传橙"这句话被人们誉为"励志橙"。2012年11月，褚橙开始在电商平台售卖，并进入北京市场，售价高达15、16元一斤。2013年，褚橙的销量达到一万吨，创收过亿元。在褚橙的品牌创建和营销推广中，充分融合了一个人和一个故事，将橙子打造成了一个励志故事的化身。

整个传播展示出：品牌是有温度的。讲故事，可以让购买者感受到品牌的温度。人生总有起落，精神终可传承，其中，励志、不服输的精神、创新精神、工匠精神等恰恰是这个时代需要的精神。褚橙的问世与消费者内心的渴望、认可得到碰撞，从而占领了消费者内心。随后借助互联网平台，褚橙传播渠道得到进一步放大。

从褚橙的案例，我们可以看得出：农产品的故事最核心的是传承！从原产地的水土，到种植方法和标准，再到农民的传承。

2.卖乡情文化，打动亿万用户（秋田农业合作社）

就读汉语言文学专业的陈雯大学毕业后，从事过多种职业，当过记者，做过文案策划，在经历了多年的职业生涯的历练后，放弃高薪和大城市优越的生活，回到农村的老家，开始创业，她立志要改变家乡的面貌，要为自己乡亲销售大山里的优质农特产品，让更多生活在城市里的人们也能享受到无污染的农特产品，于是在自己的老家创办了秋田农业合作社，以种植和提供"无化肥农药"的原生态农特产品为经营理念。

卖乡情文化的关键点是如何卖家乡情怀和抓乡土的文化：通过品牌的打造及融入乡土气息和文化的农特产品，一个包装、一句家乡话、一个小时候的故事等吸引消费者的注意，引起消费者的共鸣，让消费者能够通过农特产品回忆家乡的故事和情怀。

3.打时尚牌让农产品卖出时代特色（王鲜记）

对于打造时尚农产品，高邮王鲜记的品牌建设最为典型，高邮王鲜记是一个生产水产品的农场，其农村的负责人为王俊，结合自身销售的水产特色，设计了一套吸引消费者的外包装，同时又设计了一个讨人喜欢的产品名字，加上红色礼盒的搭配，将水产品打造成了畅销产品。

那么。如何打造时尚农产品呢？我们认为要记住两点。

（1）不要自己干：专业的工作需要专业的人士做，对于农产品的包装设计，需要懂市场、懂消费者心理的更为专业的设计人员，为产品披上"靓衣"。专业的人干专业的事情。

（2）深挖产品特色：设计必须要从产品出发，包括市场定位、用户定位，再确定结合什么样的时尚元素。

4.多渠道多点开花让农产品飞起来（裕康生态农业）

58岁的栾建利干过教师，种过果树，也经营冷库，一直在做着线下的生意，日子过得很滋润。2015年初，栾建利偶然机会结识了在广东打拼多年的王志成和姚智鹏两个年轻人并认识微商渠道的广阔，于是3个人建立了烟台裕康生态农业有限公司，准备把大樱桃、网纹瓜、白黄瓜、海蛎子卖出去。2016年4月，联合电视台和电子商务主流平台，由林业厅背书，举办了"樱桃红了之群樱汇微电商樱花节"，一炮而红樱桃产品大卖。之后京东商城、淘宝、天猫、山东电视台、农友会等大大小小30多个平台向他们伸出了橄榄枝，建立起长期的合作关系。同时，王志成还与广东农商银行谈合作，前期他们的产品已经在工行"融e购"上线，现在信用卡和银行卡非常普及，银行利用客户资源纷纷建立了很多电商平台，而且结合积分兑换等活动，用户不花钱或者少花钱就能兑换商品，销量可观而且没有讨价还价，价格有保障。

微商卖产品核心是供应链，栾建利、王志成和姚智鹏还以产品为源头建立供应链团队，比如：白黄瓜电商供应链团队、牡蛎电商供应链团队。通过供应链团队确保源头把控、品质把控。

搭建多渠道销售需要 3 个核心。

（1）优质渠道：这个渠道必须要有销货的能力，不能快速把农产品推出去的渠道都很难形成引爆。因此，农业老板们必要与用户基数大、流量大的渠道平台合作。

（2）建立完整的供应链团队：渠道不乱与很多因数有关，除了定价策略之外，更核心的就是农产品品控、品质。

（3）多点开花：单一渠道销售的确会遇到很多问题。这个时代需要多点开花，未来渠道线上、线下结合才是硬道理。

十、农产品拍摄

随着"互联网＋农业"的发展，农特经济的持续火热，如何更好地提高产品的吸睛率，加深消费者对其产品的印象，成为农业经营者面临的一大难题。品牌包装、内容为王，但是目前专业的影像人士很少涉猎到农特这一新兴领域。而农物集却专注于农产品品牌的视觉影像内容，倾心塑造农特产品、品牌优质原创内容。

（一）用品牌包装吸引人

品牌包装首先是品牌名、品牌标志等元素的体现。起到很直观的区分产品的作用，品牌 logo 的设计至关重要，专注创意，以创意凸显品牌独特优势。以油豆志品牌标志设计为例，农物集以表情扩展为创意点切入，精心设计、反复修改，赋予豆子人物化，以萌萌哒的豆子形象吸引消费者（见图 6-1）。

图 6-1　萌萌哒的豆子效果图

（二）用摄影技巧吸引人

好的摄影技巧拍摄出产品的图片更为美观，更具有吸引力。更富有感染力，可以为产品的宣传和营销起到画龙点睛的作用。农产品摄影是一门很深的学问，而且这个方面也将得到越来越广泛发展与突破。下面跟大家分享一些农物集常用的构图及拍摄的技巧。

1.正确使用背景

背景是衬托实务的关键，不同的农产品选择不同的背景，产生的效果也不同，在拍摄的时候一定要提醒自己将要拍什么、想要表达什么，因此主题一定要突出，让人一目了然，让消费者一眼就看到我们的产品，并且被产品所吸引，将其所有的注意力集中在产品上。

2.拍摄元素间的组合

当拍摄时，有多个元素组合时一定要突出主次。如图是山药的拍摄，背景选择的是黑沙土，画面里的拍摄元素有铁锹、勺子、叉子，道具与主体山药都具有一定的关联性，但并不喧宾夺主，放在同一画面中也不显得突兀，与背景也是很搭（见图6-2）。

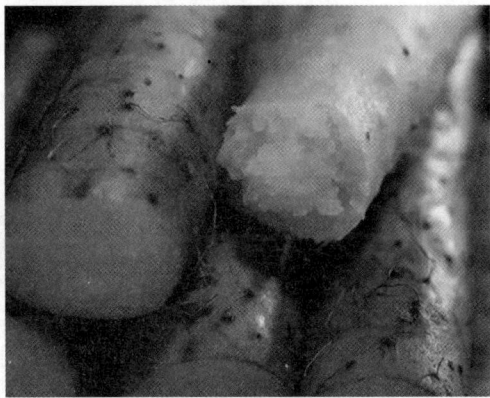

图6-2　拍摄效果图

3.创造性的思维

一幅图可以表现一句话，可以讲述一个故事，单一对象平淡的造型会让画面缺乏亮点，而多个拍摄对象如果搭配不好，很可能喧宾夺主。一幅图可以表现一句话，可以讲述一个故事。所以在拍摄时要为静物产品多设计几种"造型"，尝试多种拍摄手法。

4.运用浅景深或巧妙的色彩元素

运用浅景深或巧妙的色彩元素，使得图片感染力增强虚实效果和色彩对比。更加突出了拍摄主体，拉近与潜在顾客的距离，有利于更好地助推吃货经济的发展（见图6-3和图6-4）。

图6-3　拍摄效果图

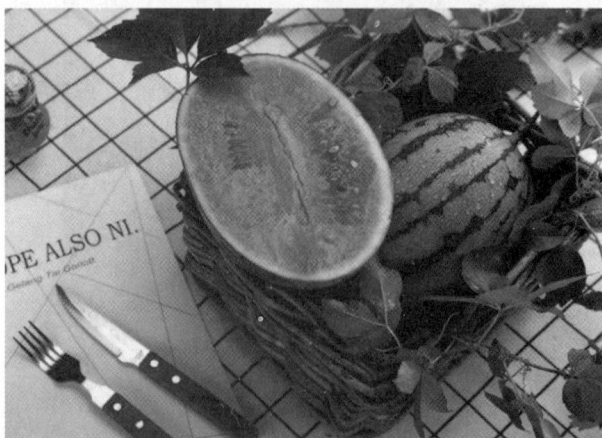

图6-4　拍摄效果图

十一、农产品包装

在现代市场营销中，对商品包装的要求越来越高，早已不再拘泥于过去的那种保护商品、方便携带的功能。心理学研究表明：在人类接收的信息总和中，由视觉器官获得的占 83%，听觉占 11%，嗅觉占 3.5%，触觉占 1.5%，味觉占 1%。因此，通过包装设计，可以很好地激发顾客的喜好和购买欲望，提高顾客的黏性。包装设计也成为提升农特产品吸引力和市场竞争力的关键因素之一。农产品想要卖得好，也需要好的包装设计，而农产品包装设计的好坏直接决定了产品价值的高低和销量，用简单袋装的产品是没有办法和精品包装的产品竞争价格的。好的农产品包装设计都有着一些共同点：包装精美、品质高、走精品路线。同类产品，包装的档次不一样，决定了其所面向的人群，也决定了产品的价格。农产品包装设计不但能实现和维护产品的价值，还能起到促销产品的作用，包装设计能激发消费者的购买欲望。消费者在面对市场上相同质量、相同类别的产品时，往往会选择包装更精美、更漂亮、色彩搭配更和谐的产品。农产品包装，必须在材料选择、包装设计等方面充分考虑农副产品的特性、销售市场的特点、消费者的消费心理等因素，从而使包装与产品完美地结合，达到促进销售的目的。

农产品包装设计是产品的"脸面"，它给消费者第一印象是最深刻的，当消费者看到这款产品的时候，往往最先想的是它的包装。品牌消费的到来，使得消费者更趋于个性化，消费者购买商品不单单是为了满足物质需要，而更看重商品带给自己的个性满足与精神愉悦，这些都是要靠包装设计来满足消费者的。农产品包装是产品的形象、理念、特性、消费心理的综合反映，是走进消费者视觉感受的第一步。俗话说，"人靠衣装马靠鞍"，与众不同的包装是农产品在竞争中脱颖而出的利器。

包装设计的主要原则和理念，首先包括体现产品的可靠和安全性，让消费者对产品的安全充满信任；其次是经济性，包装对于产品本身而言，不可占据太多的成本，以免降低产品的价格优势；第三是美观，产品包装设计的最佳效果就是充分体现产品的美观，让消费者看到产品及产品包装就有一种购买的欲望；第四是科学性，包装的设计要充分体现其合理的功能，达到保护产品和便于消费者携带的最终目的。美观是广大群众的共同要求。科学、经济、可靠是农产品包装最基本的需求，美观则是对包装设计进一步升华的要求。农产品包装既要科学、经济、可靠、美观，还要与众不同。包装的材料选择，包装的功能拓展，包装设计如何体现产品的特性、体现产品优点、体现产品的安全都要充分考虑，所有这些包装元素的设计都要围绕着消费者的消费心理和消费习惯开展。

（一）农产品包装突出产品形象

在农产品的包装中重点突出企业的文化、产品的核心、展示农产品的直观效果，让消费者很容易通过产品的包装获得产品的形象。这种包装策略运作得好，给人以联想感觉，有利于增强人们购买欲望，扩大销路。

（二）突出农产品用途和使用方法

农产品用途和使用方法必须在包装上通俗易懂地展现出来，通过图片、文字等方式展示给消费者，给人们简明易懂的启示，让人一看就懂，一用就会，并有知识性和趣味性，受到消费者欢迎。

（三）展示企业整体形象

运用这种包装策略的企业文化积淀比较深厚。有的企业挖掘企业文化透彻，并且能与开发的农产品有机地融合起来宣传，达到了既展示企业文化，介绍其产品，给消费者留下深刻印象，又有利于促销的目的。

（四）农产品包装的实用性

农产品的实用性是指农产品的包装，既要节约成本又要注意包装的方便和清洁性，保证产品原有品质和营养成分不变。首先要有阻隔作用，在短时期内需要阻隔空气中的水分，防水防潮；其次有透明度，能够直观地看到里面的产品，可清晰辨别内容物的色泽、大小、形状等，同时较多的农产品为抛货并且带有尖锐的菱角、毛刺，在选择包装物时应相应提高厚度保证品质。

（五）农产品包装的规范性

2006 年农业部印发了《农产品包装和标识管理办法》，要求生产企业和农村合作社等农特产品市场经营主体在销售农特产品时，必须按照相关的农产品包装和标识管理办法规定进行包装，在个性化、艺术化的外包装设计内容之外，必须要标注品名、生产地、生产时间、保质期等元素，同时所有的信息必须准确、清晰地显现，如图 6-5 至图 6-10 所示。

图 6-5　包装效果图

图 6-6　包装效果图

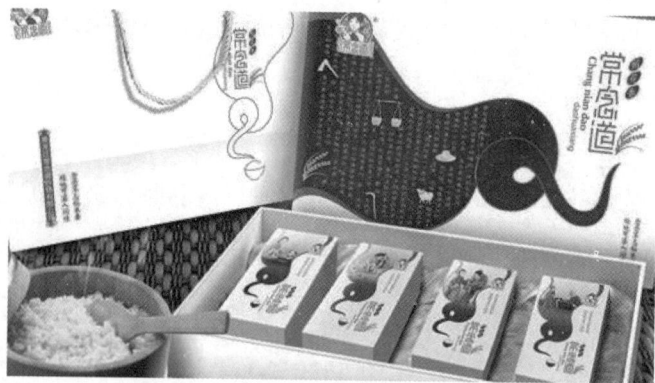

图 6-7　包装效果图

图 6-8　包装效果图

图 6-9　包装效果图

图 6-10　包装效果图

十二、农产品电商品牌化

随着网络技术和通信技术的发展,"互联网"开始走进了千家万户,"互联网 +"时代已经到来,"互联网"快速的发展,成为中国经济转型和发展的新的增长点。互联网融入了各行各业,农村及农村产业也不例外,互联网成为农村产业振兴和乡村振兴的最重要的方式之一,国务院迅速出台了《农业部关于加快推进品牌强农的意见》,意见的出台指明了农村产业融合互联网,打造互联网品牌的方向,意见的出台加速了互联网在农村及农村产业的运营,全国各地都大力贯彻落实,为乡村振兴添加了新动能。农村电子商务助力乡村振兴、农村产业发展品牌建设依旧存在很多的问题:包括农村电子商务专业人才特别是如何发展农产品网络品牌的人才紧缺,发展农村电子商务的服务体系不完善,农村物流的成本高、物流的传输慢,冷链保鲜技术相对滞后,导致物流配送体系不完善;以小规模、分散型生产经营模式为主,产品来源分散,标准程度低,导致缺乏有竞争力的农村电商品牌。

农村电商的发展是要建立在产业发展的基础上的,是要和当地的产业深度融合,为产业服务,同时也需要产业的改造与之匹配。而目前农村产业主要特点是小而散,通过电商的发展只能解决"卖了"的问题,想要"卖好"

甚至"卖久",还有很长一段距离。这样就需打造农产品网络品牌的办法来解决,因为,农产品品牌打造不仅仅是要注册商标,它是一个系统工程。农村电商营销主要有六个要素:第一,当地的有力品牌。如果产业没有特色和品牌,就很难做营销。第二,一定要有平台。无论跟大平台合作还是自行营销,平台的选择非常重要。第三,重要的是一定要有很好的策划团队。策划团队可以做专业的整合营销策划。第四,一定要有非常好的区域性农产品。产品在全国数不上,拿出来没有任何的特点,就很难开展区域电商营销。第五,与媒体保持很好的互动。保持传播渠道畅通。第六,把握好传播节奏。总而言之,区域电商营销的六要素就是:品牌、平台、策划、产品、媒体和传播。

(一)处理好区域公共品牌和企业品牌

区域品牌是结合和挖掘当地区域特色、文化特色、产品特色而打造的公共区域品牌,是集体行为的体现,收益也是整个区域,体现的是该地域某行业或某产品较高的知名度和美誉度。企业品牌的打造范围更加狭窄,打造的主题是企业本身,收益的主题也是企业本身。

(二)农产品品牌打造的逻辑顺序

1.分析市场需求

品牌的塑造是为销售服务的,销售是要把产品卖给消费者。随着消费升级时代的来临,存量市场严重的供大于求,竞争会越来越激烈,开发新兴市场,拓展新型渠道成为企业营销转型和品牌打造的主要参考系,特别是要向互联网原住民倾斜,满足他们的需求,融入他们的消费场景。

2.发觉自身优势

知己知彼,百战不殆。最大化满足市场需求是最理想的状态,但是企业一定要量力而行,根据自己的综合实力和资源优势,在可控的范围进行创新,必要的情况下可以选择微创新,逐渐转型,有阶段、有计划、有步骤地塑造品牌。先生存、后发展是中小企业必须遵守的黄金法则。

3.对照竞争对手

研究对手是市场竞争战略必须遵守的定策原则，企业的创新一定要计算投入产出比，做最佳组合。

4.差异化消费者定位

消费升级给中小企业带来了很大的历史机遇，是中小企业弯道超车的最佳时机，消费者的差异化需求越来越多，中小企业可以针对大企业触碰不到的细分市场进行创新，开发小众市场的产品，塑造专业化的品牌诉求，做"山头"老大。

5.遵循市场营销规律（4P）

电商也好，新零售也罢，都脱离不了商业的本质，所以传统营销理论体系永不过时，特别是农业企业要在这次创新中及时补上这堂营销课，要通过对产品定位、价格策略、促销手段、渠道建设4P重构建设，演练营销团队管理、纠错制度等现代企业管理手法，提高市场综合竞争力。

（三）农产品品牌打造的思想观念

1.整合观念

农产品品牌打造要有危机意识，要清楚认识行业位置，同时要学会引进先进行业的团队、人才、机构，采用科学的方法，进行品牌打造。传统的农业行业的服务机构数量少、水平有限。

2.团建观念

农业企业很多都是中小企业，设备落后，管理滞后，亲情文化远大于标准化管理要求，整体的团队水平比较原始，要利用品牌打造的机会，系统化打造自己的团队水平，组建健全的运营团队。

3.渠道观念

现在的渠道非常发达，信息平台和通路都已经成为销售渠道，在网络品牌塑造过程中，要把网络销售作为企业的一条渠道来看，是原来传统渠道的补充，根据产品的属性，合理规划和传统渠道的不同占比，并根据市场变化灵活调整。过度依赖和漠视都是不对的，不能走极端。

（四）农产品品牌维护

1.价格

只要有市场，就有竞争，只要有竞争，价格竞争就是最简单、最有效、最常见、也最有破坏力的方法。特别是公共品牌比较有影响力的更是有过之而无不及，经常会出现劣币驱逐良币的现象，假冒伪劣损伤品牌事件层出不穷，因为公共品牌维护的成本很高、社会参与度很低，侵害成本反倒很高。所以，导致正品跟着被拉低。好的价格才会有差价、有利润，有利润才会有更好的产品和服务。价格损伤后会向相反方向发展，最终损坏市场，甚至整个产业。作为企业品牌也一样，尽量做差异化的定位，开辟细分市场，避开市场竞争是竞争的最高境界，一旦确立品牌，也要稳定价格。

2.渠道

渠道和渠道之间也有竞争，而且互联网渠道更是有着更多的盈利模式支撑，作为企业和品牌来讲，要根据自己的行业属性、品牌定位合理选择渠道，并要保护渠道的利益，因为每个企业的营销生命都是要和渠道共生的。

3.质量

品牌不仅仅是有个商标，还是个系统工程，再好的营销，如果没有产品质量的支撑，都只会是昙花一现，甚至会适得其反，因为产品质量，特别是法律要求的产品质量是消费者的底线，企业承诺的质量标准，是消费者的预期，一旦购买而得不到相应的结果，最简单的报复行为就是没有复购，严重点就是通过各种渠道给你差评，影响你的销售和品牌形象。

4.营销支撑

采用有效的传播手段，是最短时间、最大限度地实现企业招商、销售的营销办法，企业都应该采用。一般的营销策略主要是分口碑营销、招商策划、销售策划、站内策划、站外引流等。

（五）农产品品牌发展与延伸

品牌在塑造过程中，就要做品牌规划，因为细分市场的总量有限，要提前考虑到品牌的延伸问题，但是一定注意，既要提前储备和规划，又不要盲目扩展，常用的扩展方法是：

1. 一标多品

企业不同产品的消费人群如果高度吻合，就可以多个产品共用一个品牌，这样可以有事半功倍的效果。

2. 一品一标

如果企业不同的产品针对不同的市场和渠道，尽量不要用一样的品牌，避免造成消费者混淆。

3. 一品多标

当然，企业如果选择相似的渠道，就要采用"一品多标"的办法来区隔市场，保护取到利益。

● 案例1：临安——品牌支撑农业升级

不同于以搭建公共性电商服务平台的"遂昌模式"，临安另辟新径，选用本土"山核桃"打破传统产业观念，树立品牌意识，进而助力当地农村经济转型发展。2009年，临安山区受电商热潮鼓舞，大批传统涉农企业开始转移销售渠道战线，拓展网络推广，线上品牌别开生面。与此同时，伴随国家大政策"互联网+农业"的时代背景，另一批短小精悍、异军突起的类似卖货郎、村村乐、一亩田等初创型农村电商企业，纷纷打通"农产品进城"和"工业品下乡"双向渠道，帮助当地农户建立个人品牌，让农产品直接面对全国各地消费者。

值得一提的，注重农商品牌化的"卖货郎"，线下更为乡村找当地居民共建村镇级电子商务服务站（小卖部），形成区域电商，为村民提供代买等电商生活服务，形成了集合交易、金融和物流的区域综合性农村电商服务平台。

临安农产品电商化发展特点归纳起来，为"一品"到"一带"。"品"顾名思义，既指品牌又指品类，从当地"山核桃"地标性特色产品，到县域公共农业品牌的树立和宣传，临安打造了一个以山核桃为主的产业电商，并横向拓展到坚果炒货类。"带"即是从种植培养、加工运输、到运营销售等纵向分工的产业链，集成县域性分工布局。

据此，农村电商的发展，不仅帮助临安山核桃销售一空，更是带动了其他农产品"上线"，同时促使了与之相关的产品设计、包装运输、客服等物流服务行业的发展，为当地村民提供了更多的就业机会。

十三、农村电商与电商平台的选择

农村电子商务是利用互联网技术、通信技术和安全技术开展的新的商务活动，电子商务可以消除空间、时间的限制，让信息、物流、资金的流动实现了即时的效应，通过电子商务又可以融入农特产品种植的前端，通过电子商务海量的数据反哺农业。

常见的涉农电子商务平台主要包括：

（1）淘宝平台。

淘宝农业频道：chi.taobao.com。

（2）B2C平台。

天猫 — 喵鲜生，喵鲜生 - 理想生活上天猫：miao.tmall.com。

（3）京东。

拍到家（自营和认证商家结合，物流自营）。

（4）专业领域垂直销售。

中粮旗下的我买网、沱沱工社、天天果园、顺丰优选、易果生鲜、1号生鲜、苏宁"苏鲜生"。

沱沱工社（www.tootoo.cn）以有机农业为切入点，是提供各种有机、天然、高品质的蔬果、水产、肉禽、海鲜以及粮油、酒类、零食的网站，是中国做有机食品网络销售的网站之一，提供安全可靠的食品，有利于买家的健康，保证产品的最原生态的营养物质，是目前中国有名的生鲜电商企业之一。

天天果园是目前国内最大的水果生鲜电商，自建冷库，冷链物流，主营中高端水果产品，前身为传统水果商，致力于发掘全世界的优质水果并引入给中国消费者。以进口车厘子为例，天天果园目前是互联网上销售该水果最多的商家，在网上每卖出 2 颗车厘子就有一颗来自该公司。而在苹果品类上，天天果园也一向比较强势，不仅与美国华盛顿州苹果协会建立了长期合作的关系，还与其他多个国家的大使馆、水果协会都有密切联系。

十四、第三方电商平台店铺的开设（以淘宝为例）

（1）去淘宝网注册一个淘宝账号。

（2）按照要求自己注册一个淘宝账号就可以了，账号和密码一定要记住。

（3）打开淘宝网首页在淘宝网左上角或者右上角靠下一点就有一个账号登录，登录上去就可以了。

（4）点击右上角的卖家中心，点击我要开店。

（5）点击个人开店进行认证。

（6）当您完成支付宝实名认证之后，点击【免费开店】，完成【淘宝开店认证】的操作。

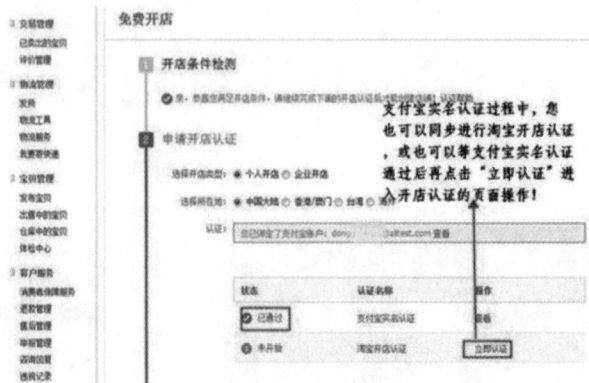

（7）点击【立即认证】后，您会进入【淘宝网身份认证】的页面，请点击该页面中的【立即认证】。

十五、农产品电商运营

在国家大力发展电子商务的号召下，依托互联网及电子商务平台上销售农特产品，成了农村电子商务发展的最佳切入点。通过互联网及电子商务平台拓展消费市场，让更多的优质农特产品"走出去""出村进城"，解决农产品质优价低或者滞销的问题，同时通过发展电子商务提供了大量的创业机会和就业岗位，解决农民的就业问题。通过近几年的快速发展，农村电子商务也有了长足的提升，但也存在很多的问题，存在大量从事农村电子商务的企业和创业者赔本的现象，主要原因如下。

（1）受限于传统思维。

很多的电商平台或者从事农产品销售的电商企业在开展农产品电商运营时依然习惯于传统的 B2C 思维，认为只要投入资源，吸引流量，导入流量，就能通过流量变现购买力，通过流量实现农产品销售。这种传统的 B2C 思维与消费者脱钩，顾客愿意上网购买农产品，绝对不是出于满足日常三餐，消费者除了关注农产品本身外，更多的是关注健康、体验、安全和特色，乃至产品背后的文化和故事，更多的消费者希望获得产品直观的、可视化的产品表述方式，产品的种植地、采购、包装等都是消费者最为关心的。但目前的平台或平台开设的店铺在展示农特产品的时候更多的仅仅是陈列，缺少品牌的打造。

（2）顾客群体定位不清。

许多农产品电商企业和经营者对消费群体的定位模糊，眉毛胡子一把抓，没有开展精准消费者的营销，如何引起精准消费者的兴趣和购买欲望是利用电子商务吸引更多流量、销售更多农特产品的关键。

（3）客单价和物流成本的错位。

很多的农产品电商经营者没有品牌意识、产品把控不严、产品质量不稳定等都影响了产品的价值，而低附加值也就导致了农产品本身的价格低、利润薄、起送量大才能实现盈利的问题。在产品的物流过程中，往往使用第三方供应渠道时，因存在信息互换延迟、产地偏远、第三方供应渠道再次转手等不确定因素，致使产品的运输过程或转手次数加长，在本来就受运输极大制约的情况下，损失加大。

十六、农产品新媒体推广

（一）利用新媒体推广

（1）微信营销。充分利用微信各个平台：微信有巨大的用户群体，商家可通过微信公众平台，比如微信公众号、微信个人号、微信群、微信广告资源平台等，结合转介率微信会员管理系统展示商家微官网、微活动、微推送、微支付等，让用户快速了解你的产品，从而达到线上线下微信互动营销方式。正确运营微信公众号：微信上的大多是同事、朋友、亲人、客户等，运营者在运营时要把自己当成客户，抛去"销售"的想法，偶尔向用户推送几条广告，同时要尽可能地调动活跃度，和用户创造沟通的话题。注重微信社群的管理：微信中有各种群，每个群适合发的内容不一样，所以在用微信群时，不同的社群要用不同的管理模式，这样才能创造很好的价值。

（2）微博营销。充分增强互动：微博的互动性很强，很多热点都是从微博传开的，所以要适时地通过微博和用户展开一些互动，比如发布一些产品知识、开展话题讨论的线上相关活动，增强与用户的有效互动。注意微博的内容：微博和微信一样，不要一味的销售，一般发布广告时，可结合特点、相关性等突出内容，这样就很容易被用户接受。切忌，纯广告性的宣传内容，大多数人都是排斥的，发的多了自然就取消关注，从而粉丝就减少了。正确发布内容：微博人人都可用，但产品并不是所有的都能营销，所以在用微博营销产品之前，要先摸清产品自身的特点，并确定这类产品的潜在客户中有很多人拥有微博。

（二）农产品网络直播

2017年，电子商务新业态——网络直播开展呈现，但网络直播主要围绕着娱乐直播和游戏直播。到2020年，网络直播开始爆发，当直播与农特产品相结合时，形成了一股农村农特产品的"网红风"，农特产品的网络直播开始显示威力，网络直播带货给农特产品带来了新的销售方式、思路和重要的销售渠道。网络直播实时性强，网络直播中所见即所得，顾客看到的都是最真实的第一手信息，实时性超越了距离限制，甚至超越了渠道障碍。直播把产品和服务直接推到了消费者面前，这种实时的冲击力远超过静态展示或者事后浏览。网络直播带有温度，直播当中是有服务的，它不是一个冷冰冰的产品展示，或者一个简单的图文说明。直播的主播在当中发挥了特别重要的作用，像李佳琦这样的主播，他能把握消费者的心理，对产品介绍非常精准。换句话说，直播的主播是一个特别好的导购，而一般线下销售或者传统的电商，它没有这样的沟通引导服务。网络直播互动性更好，在直播中大家可以随时交流，随时提问，商家会收集客户对产品反映的问题，然后在这里面发现消费者的兴趣，测试出来大家感兴趣的内容，随之商家就能非常快地去调整商品介绍的内容。这些就注定了直播销售比传统的线下门店销售和电商更有诱惑力，也更加生动活泼。网络直播可多角度展现产品魅力，一个好的农产品本身不仅有内容，还有很多的情感和温度，所以在农产品的直播中，要丰富其中内涵。比如在直播过程中可以展示农产品的生长环境，把大家在经营过程中的努力和农民对它的匠心表现出来。农产品的销售一定不能就产品说产品，大家应该多角度地去展示产品魅力。短视频＋直播，效果会更好，短视频和直播相当于一个人的左手和右手，双方起到互补的作用。直播可以提供实时的冲击力，短视频可以浓缩很多要素和场景。比如李子柒的短视频人气很旺，视频虽然只有 3～5 分钟，但是其中浓缩了四季，从播种、收获到制作美食的整个过程。这是一个点、线、面的关系。

（三）农产品社群营销

社群营销就是通过某一社群平台聚集一批有相同喜好的人群，通过一种在线的社交方式，提供某种服务或者产品实现销售的一种新的商业形态。社群营销也为新的社会活动、营销活动创造了新的价值。目前常用的社群平台除了包括微信朋友圈及微信群搭建的社交功能外还有其他很多具备社交属性的社群新工具，如钉钉、小红书、抖音、快手、大众点评、知乎、豆瓣、领英、B 站，等等。特别是 2020 年疫情发生以来，社群及社群营销的活跃度非常高，很多大企业也加入到了社群营销的形态中来，也在积极尝试社群营销。而社群营销也被认为是农产品销售的最佳方式之一。农产品＋社群，就是让生产者与消费者联系起来，让消费者拥有参与感，为农产品赋能。基于"情感、信任、产品、利益"为核心的社群营销在打通农产品流通环节、提升农产品附加值方面能够发挥独特的作用。目前阶段的社群营销大多都是弱品牌化的，价格敏感度高于价值敏感度，拼的都是价格。而现在品牌消费意识和呼声越来越高。消费者对农产品的品牌消费意识是历史性的缺失，长期的被钉在"民生用品民生价"上，多是"大流通"性产品的定义，真正开始从"大流通"和"民生"解放出来也得益于互联网的推动。

（1）社群产品定位。做社群的目的无非就是获取流量，而社群营销便是获取流量最基本的途径，因此我们首先要有一个定位，便是对自己产品的定位。当然了这个产品可以是真实存在的，也可以是虚构的，甚至可以是一种服务，但总而言之，做社群我们就应该明白，首先便要有一个清晰的产品／服务定位，这是社群营销的关键，也是社群营销的第一要素。

（2）社群用户定位。产品确定了，这个时候我们就要开始寻求自己的用户了，假如你是一个知识型社群，你的营销对象便是一些需要接受教育的群体，因此，你要有明确的认识，找到你的受众去营销你的产品，千万不要把任何人都当作你的潜在用户，如果是产品型社群，就要找到和你的产品品牌相匹配的购买力、习惯和刚需的用户。所以明确自己的用户这是社群营销的第二要素。

（3）平台选择。现在适合做社群的平台有很多，当然社群的类型也有很多，但是我们要找适合产品和内容的平台去做，一定要选择适合的平台。

十七、农产品内容营销

有"内容营销之父"之称的乔普利兹曾经给内容营销下过 6 次定义，其中比较简洁也是接受度最高的是：内容营销是创建和传递有价值和引人注目的内容，以吸引现实或潜在的目标顾客的商业营销过程，目的是促使顾客做出能为企业带来利润的行动。内容营销还有一个比较知名的定义是：品牌主要通过所有平台和渠道产出高质量的内容，并将其推送给用户，其中包含了关系管理、用户价值以及衡量标准，是给予用户，而非索取。内容营销是一个系统，更多的是企业或者自媒体出于商业目的的一种营销行为。内容营销从了解受众开始，在熟悉内容分发渠道、各种内容可能的表现形式和品牌自身的调性及定位之后，才开始制定内容营销策略，然后采集、制作和发布内容，最后对内容传播的效果进行评估，并且把评估的经验当作调整后期内容营销的依据。

内容营销和普通的内容创作在创作的出发点、创作的方法、内容的取向上有非常大的不同。内容营销的内容创作也许会体现某些创作者的个人风格，但是更多情况下，要根据消费者的喜好和状态去创作，在体现品牌个性的同时，引发受众的共鸣、关注、互动乃至喜爱。更关键的是，内容营销作为一个系统的市场行为，其关注点不仅在于内容的质量本身，还在于对内容传播的运营和管理。通过内容传播的运营和管理，企业不仅能在短期内提升内容的曝光量和受关注度，而且能在长期获得内容营销的协同效应。

内容营销是营销策略的一种主要方式，内容营销包含的主要要素为：

（1）内容营销没有特定的平台和渠道，内容营销主要关注的是内容本身，媒介渠道和平台是内容营销的载体。

（2）内容营销的目的是要实现内容的转化，通过内容的营销展示实现与消费者的互动，让消费者信任和认可企业和产品品牌，最终实现产品转化。

内容营销大致归为三类。

第一类侧重讲基于自媒体和电商平台的内容营销，其主要特点和终极目标是直接通过内容来卖货。从理论上讲，倾向于把这种内容营销称之为内容电商。

第二类侧重讲基于社交媒体的自媒体创业，这一派以新榜为代表。这种内容营销通过微信或微博等社交媒体的公众账号持续输出内容，形成魅力人格体后吸引一批粉丝，最终通过广告或者其他形式的变现达成销售。

第三类侧重谈传统的大、中、小企业，在新的媒介和消费环境下，对传统的基于广告思维的营销思路、逻辑、流程和做法进行调整，从而通过持续输出符合消费者喜好的品牌价值观和文化，让消费者全程参与到品牌的建设和传播中，实现消费者最大限度地认可和喜欢这个产品品牌，达到促进销售的目的。

由于第三类中的企业占中国整个企业生态有生力量的绝大部分，因此，更倾向于把这类内容营销称为真正意义上的内容营销。对于这类企业，内容营销就是在战略层面上进行设计，通过对理念、架构、组织、预算、渠道和全程的动态评估，挖掘和形成企业和产品本身的内容营销思维和能力，完成品牌知名度、认知度和美誉度的维系或重塑，并且最终助力销售。

（一）内容营销内容

1.视频、音频、短"故事"等多形式并行

营销成功的秘诀在于不断尝试新事物。2019 年是试错的一年，品牌方不断调试不同形式的产品与内容的适配性，从中选出最合适的。如果品牌一直专注做长篇内容，那么不妨尝试一下短小精悍的短文，可能会有意外收获。如果品牌只专注于短视频，那就去试试更大规模的内容 ——长篇内容往往会获取较好的搜索排名，带来更大流量。不要局限于那些所谓的"爆款产品""流行模式"。内容的核心在于为用户提供价值。就内容本身而言，原创性和相关性才是成功的关键。企业需要制定可靠的内容策略，吸引理想的客户，为当前的用户服务，并朝着更长远的目标努力。

2.联想相关场景

如果广告展现是文字和图像结合，那么有图像的辅助，用户更容易联想，如果只是纯文字内容，那么就需要我们先明确产品可能出现的场景，并梳理出最容易产生联想的和次容易产生联想的，摸索其中的关联，进而奠定文案描述的环境基础。

3.内容与标签的关系：标签为王，内容为后

内容当然需要优质专业，这是前提，但内容即使再好，人们也记不住，所以内容是为标签服务的。通过内容捍卫标签、丰富标签、证明标签、重复标签，以达到让人们记住你的标签的目的。

4.内容的来源

现今各大社交媒体上，不缺内容，相反内容是泛滥的。我们的内容一定要与自身做的事情（产品 / 服务 / 用户）相关联。无关的内容，即使再火也不要做，因为即使那样大把的流量最终跟你还是没关系。

（二）内容营销平台选择

文案自媒体形式，在运营好微信公众号的同时，也可以借助百家号、头条

号、企鹅号等平台，共同促进。短视频形式，竞争非常激烈，抖音在去年完成了对快手的全面反超，所以抖音营销现在也成为很多自媒体非常关心的一个问题。对于短视频创作者来说，抖音和快手仍然是最好的选择，就目前来看，很难有第三家能够挑战这两家的地位。

1.今日头条

平台流量大、易申请、粉丝少也可获得高流量，头条号和微信公众号最大的不同是：头条号是根据"推荐"决定阅读数，而不是"粉丝"，也就是说你获得的"推荐"越多，那么你文章的阅读量就越高。头条号获得高流量和头条号指数的高低有密切关系，头条号指数由原创度、健康度、活跃度、专业度以及互动度五个维度组成，这五个维度的分值越高，则头条号的指数越高，提高头条高指数有以下方法。

（1）原创度：坚持原创，提升内容质量。不仅要坚持推出原创内容，内容的质量也很重要，质量好的内容才能减少跳出率，只有抓住用户的"胃"，每一篇文章用户才能用心看完，这样原创度才能满分。

（2）健康度：图片美观、内容不涉及违法、不过分标题党。头条号健康度主要有以下三个考核方面：图片大小、美观度；内容是否涉及黄赌毒；文章标题和内容是否严重失实（通过夸张的标题来吸引读者点击，配上名不副实的内容，头条号是坚决打击的，很有可能会审核不通过且降低头条号的健康度）。

（3）活跃度：定时更新。运营人只要每天定时更新一篇文章到头条号且审核通过，活跃度就会提升。

（4）专业度：文章和专业领域一致。在注册头条号时要选择专业的领域，产出的文章越专业垂直，头条推荐才能越精准。

（5）互动度：增加和读者的互动。当读者评论你的文章时，我们要主动去回复和读者互动，这样能增加头条指数的互动度。除了与读者互动，我们主动去评论别人的文章，得到较多的认可获得热评就有机会被推荐到首页，从而为自己带来曝光获得点击量与订阅量。

2.百家号

推荐百度首页、百度新闻源，我们在用百度时，可以看到百度搜索框下面会推荐一系列文章，这当中有一部分就是来源于百家号平台，也就是说，你输出的文章，很可能给推荐到百度首页，带来无数阅读量。百家号的第二个优点就是收录效果好，文章发布成功后，在百度搜索输入相关关键字，能轻易得到展现。具体运营方法：结合热点，内容垂直，配图美观、空闲时间发布、持续更新。

（1）文章含热门关键字，具备话题性但不低俗。百家号会根据用户搜索的习惯推荐文章，比如最近用户经常搜索"春节抢票"，那么一篇标题含有"春节抢票"的优质文章则会在用户使用百度时呈现在用户眼前。另外一点是标题要起得吸引人，标题是吸引读者的一个关键，所以标题必须要简洁有力，不过不可低俗，因为每篇文章百家号都会审核，太低俗直接很可能不通过，甚至是封号。

（2）根据文章定位选择恰当的分类。根据百家号选择领域来写相关文章。

（3）使用清晰度高且符合主题的封面图。观众第一眼看到的是标题，第二个便是图片了，清晰有吸引力的图片能有效引导读者打开。

（4）选择适当发布的时间。建议大家选择空闲时间段，比如上班路上，晚上，空闲时间有助于提高文字阅读量。

（5）持续更新。初级账号每天可以更新一篇文章，当你连续更新一段时间，且文章阅读量高的情况下，百家平台会将账号等级升到"中级"，你的账号等级越高，相对应获得曝光以及推荐的机会也越多。

3.企鹅号

企鹅号是多平台（腾讯新闻、天天快报、手机腾讯网、QQ浏览器、腾讯新闻插件、手机QQ新闻插件、QQ公众号）合并实现一键分发与推荐。企鹅媒体平台为自媒体提供多出口多场景的分发渠道，发布的文章将在天天快报、腾讯新闻客户端、微信新闻插件、手机QQ新闻插件、QQ公众号、手机腾讯网、QQ浏览器等平台渠道进行一键分发，实现优质内容的更多、更准确曝光。

运营方法：内容垂直、首发、原创、内容健康、选题佳。

运营企鹅号首先要通过试运营阶段，具体包括：

（1）内容的垂直度。注册的时候选的是什么领域，那么发文的时候就必须是什么领域，用他们的话说就是领域一定要垂直。你不能今天发娱乐，明天发汽车，后天发美食。也就是说从你申请开始，你就必须保持领域的一致性。

（2）首发。很多运营者都是一篇文章发布到很多个自媒体平台，而企鹅号是也比较注重文章的首发性的，也就是说你必须要把你所写的文章第一个发布在它的平台。

（3）原创。原创是所有自媒体平台的必备要求，特别是你在试运营企鹅号时，必须每篇文章都是原创。

（4）拒绝黄赌毒。满足前面几点还不够，你的文章内容质量一定要做好，特别是不能有低俗的色情的东西出现，这点非常非常的重要，腾讯对低俗的是零容忍的。

（5）文章选题。最好就是当前或最近的新闻热点，并结合你所选择的领域，组织文章内容。注意，内容要和相关图片结合，不能乱配图。还有一点，没通过试运营前不要带广告信息，等你通过试运营后可以在文章中适当放微信公众号的 ID。

（三）农产品内容营销

1.农村、农民的故事，跟产品相关农村生活、文化的故事

产品的最终消费者是用户，因此，最能打动消费者的除了农特产品本身外，就是生产农特产品的生产者，因此，农产品的内容营销，首先从生产者的角度开展营销，比如褚橙的营销中最为成功的就是生产褚橙的生产者的故事，生产者的背后故事让消费者认可、信任甚至感动的同时就是消费者对相关企业和农产品的认可和信任。

2.产品的生长状况，产地环境的状况

优美的产地环境，容易让用户产生丰富的联想，进而对产品产生好感。原

生态的产地环境，容易焕发消费者内心深处的一些情结，今天都市人在快节奏的生活状态下，内心深处都有一颗回归乡村、回归自然的心。

3.用户的故事，用户真实的反馈

中国有句古话叫"王婆卖瓜，自卖自夸"，王婆卖瓜式的营销在产品极大匮乏的时代显然是管用的，但今天我们面对的是一个物质极大丰富的年代，对于消费者来讲，同类产品的选择余地很大，消费者在购买产品时虽然存在一定的偶然性，但更多的是因为产品的口碑营销，其中最有效的就是朋友之间、同事之间和家人之间的口碑营销。因此，一定要把用户的口碑作为我们内容营销最为关注的点。

（四）成功的内容营销必备的秘诀

（1）成功的内容营销是有意图的。

在过去的几年中，随着内容营销变得越来越流行，很多创业公司在让内容营销成为公司营销策略一部分的过程中都倍感压力，这是可以理解的。但是，如果你为了做内容营销而做内容营销，或者因为看到其他公司都在做内容营销所以你也要做内容营销，这将是你犯的最大的错误之一。要制定内容营销策略，你首先要理解你为什么要创建内容，这样你才可以利用内容营销来达到业务目标。如果没有内容营销策略，你同样可以生产很多内容，但是可能会因为没有为合适的人群生产合适的内容而导致所有这些工作都是徒劳的。

（2）成功的内容营销是以客户为导向的。

为合适的目标人群创作合适的内容和确保你知道自己为什么创作营销内容。同样，搞清楚为什么你的目标客户会阅读、观看或收听这些内容。找到你的商业目标和用户需求之间的交集部分能够让你的内容营销变成一门艺术和科学。如果在这方面做好了，你就可以生产出能够抓住用户想象力的优质的、有创意的、有价值的内容，同时还能够加强用户与你的品牌之间的关系，同时能推动消费者与企业和产品进行更有效的融合和互动。成功的内容营销需要做到内容与市场需求的匹配。

（3）成功的内容营销是常青的、不会过时的。

内容营销策略中一个经常被大家忽视的地方是：你的营销内容的生命周期。最成功的内容营销策略都有这么一个共同特点：他们专注于生产不会过时的常青内容。什么是不会过时的常青内容呢？它是指那些能够为你的品牌带来重复价值的内容。不管你在任何时候、任何地方发布这些内容，这些内容都能够为阅读它的用户带来价值。不会过时的常青内容通常都是经过深入研究创作的深度内容。为了创作不过时的常青内容，你可能需要投入更多的时间和资源，但是这些投入是值得的。在内容的整个生命周期中，不过时的常青内容可以帮你转化为成千上万个销售线索，而不仅仅是几个或几十个。

（4）成功的内容营销是持续连贯、有节奏的。

和社交媒体营销一样，那些刚刚开始做内容营销的人遇到的一个最大的问题就是：应该多久发布一篇内容合适？问这个问题的人通常都希望能得到一个明确直接的答案。但是事实是：对于应该多久发布一篇内容是没有明确的硬性规定的。这完全要根据你自己的品牌来确定。对于有些公司而言，一个月发布一次内容就够了。如果发布更加频繁就太过度了，而且还需要雇佣一个人来管理内容。考虑到新增人员需要的双倍支出，它带来的投资回报率却并不是双倍的。其实比发布频率更加重要的是：内容发布的持续连贯性，除了发布频率外，发布的内容的相关性连续性也很重要，还包括内容的风格、样式保持一致。

（5）成功的内容营销是需要推广的。

推广你的内容是非常重要的一步。在内容营销领域，有这样一个说法：如果你花在创作内容上的时间有一个小时，那么你应该花三个小时来推广它。你投入很多时间、精力和金钱创作的营销内容，无法使目标受众看到你的内容的话，那么这些内容是没有价值的。因此要尽己所能地去推广你的营销内容。

（6）成功的内容营销是一种投资，需要一定的时间才能看到回报。

与其他营销策略相比，内容营销更是一种投资，因为需要等待一定的时间才能看到投资回报。很多公司品牌在做内容营销几周后看不到回报，然后就感到不安，随之就会放弃内容营销策略。事实情况是，内容营销通常要花比较长的时间才能得到回报，但当内容营销真正带来回报的时候，它通常都会带来巨大的回报。

十八、如何利用社群做农产品推广

社群是用户根据自身单一目的或需求聚集在一起而形成的社群。社群、社区最大区别应该是用户的目的不同和本身行为多样性的差异。社群可以根据定位来进行区分，比如：内容型、营销型、服务性。内容型比如知识分享群，营销型比如社区团购群，服务型比如售后服务群等。一个好的社群就是一群拥有同样目标、价值观和做事方式的人在一起，求同的层面越广，越容易做好社群。

互联网时代不断地发展，近两年因为各类社交工具让全国各地的人联系起来，关系也更容易的建立，在这环境下出现很多兴趣、身份、爱好、需求一样的人通过互联网聚集起来，形成一个社交关系链。社群的出现也就挖掘出了新的商业玩法，社群建立的目的主要分为两个，销售农产品与自己的品牌宣传，虽然两者都是同一个目的但是定会有主次之分，以销售为目的进行便会造成后期疲软，品牌有限，前期销售也会乏力，所以需要以用户为中心来运作。而农产品＋社群被认为是社群营销的最佳组合。首先来说说社群，社群是人与人基于共同的话题和目的的集聚，通过人与人之间的交流，形成有一定信任度的群体。社群的成员可以参与到产品或者主题的方方面面，简单地说就是让每一位社群成员都有参与感。农产品＋社群，就是让生产者与消费者实现零距离，让消费者能及时地了解生产者、生产过程及产品，让消费者借助社群全程了解农产品从种植到收获的全过程，让消费者成为产品整个过程中的参与者。基于"情感、信任、产品、利益"为核心的社群营销在打通农产品整个生产过程、开发农产品附加值，实现农产品价值最大化方面发挥独特的作用。

一个好的社群不仅仅靠群主的全身心投入，社群是平等的，社群中的每一个成员都是关键，单靠个别人的组织和投入远远不够，只有每个成员形成一个团队，人人付出，人人参与，社群才能有活力，社群的影响力才能增强，传播的效应才会越来越大。一个好的社群运营者不能将社群仅仅作为做营销的平台，而应更多地关注社群用户能否通过社群获得收益。一个好的社群同时还要更多地思考：我们的社群存在的意义是什么？我们的社群的价值是什么？我们要传播什么样的内容？作为社群中的一员，我该做些什么？我们社群的价值观是什么？什么样的人群是我们社群的核心？具体做好下面几件事。

（1）筛选种子用户，引入种子用户。

首先思考你的社群定位，到底要做一个怎么样的社群呢？要传播什么样的内容？作为社群中的一员，我该做些什么？我们社群的价值观是什么？什么样的人群是我们社群的核心？具体包括价格定位、范围定位、品类定位、人群定位和规模定位等。社群的目的是组织需求相同的一群人，聚集在一起。所以做社群运营你得设置条件，筛选种子用户，引入种子用户。比如社区团购群，它的标签应该是本身地域范围有限制。

（2）组织群话题，保证群活跃。

有规律性地组织活动，如果是内容分享的社群，应该尽量通过调查组织一些话题，让用户去主动表达，一方面可以满足分享目的；一方面可以带动活跃，也为找到热情用户去中心化做好挖掘工作。社群绝对不是纯粹做广告的地方，而是引发互动的地方，社群里的每一个成员都是平等的，每个成员都是社群存在的核心，社群的群主仅仅是一个服务者和引导者。

（3）去中心化。

这个工作是社群人员经常忽略的一个问题，如果你是社群发起者或者管理者，日常解答维护是必不可少的工作，因为大家聚集在一起不熟悉，需要有一个人串联。要找到热情用户沟通，想法子让用户帮助用户，可以保证活跃，满足用户。

（4）界定边界。

这个问题就是我们说的规则，什么能做什么不能做，比如敏感言论、广告、链接不能发等。

（5）满足群内用户需求，找到存在感。

十九、如何利用直播做农产品推广

农产品直播，通俗一点讲，就是通过直播平台这一新的载体，直播与农特产品相关的种植、采购、加工、生产、仓储和产品的使用过程，将农产品种植、农产品与消费者零距离接触，让消费者和农产品零距离对接，打破了地域、时空的限制，带动农村产业链向纵深发展，也让农业搭上了高速发展的"新媒体"快车。随着移动互联网的发展，人手一部手机，随时随地就可以轻松直播。通过直播你可以分享你有趣的生活，你也可以分享你优质的农产品。"农业＋直播"模式就这样孕育而生，并且还飞速发展。直播能够直观地展现产品，溯源到农产品。特别是 2020 年在直播风口下，不少农人也相继触网当起了主播，没有直播经验，也没有精心策划，凭借真实和质朴的风格，素人首播也取得了不俗的业绩。农产品骄人业绩的背后，离不开直播平台的流量支持、数据支持和运营支持。目前，农产品直播形成了综合电商平台、社交电商直播平台、综合直播平台和农产品视频直播购物平台的庞大体系。直播作为农产品营销冰山的一角，主要解决的是粉丝流量及其变现的问题。而流量变现后消费者的满意度，才是持续营销的根本。农产品具有其特殊性，受日照、空气湿度等各种因素的影响，产品品质差异大，必须要在供货源头上严选分级，主播的表演也不能太浮夸，过分拔高观众期望。

最近就有中国乡村之声《三农中国》这样报道，网络直播现在这么流行，如果与农业相结合起来，农产品就能更加简单的进入市场，网络直播农产品的意义在于，能够直接地向网友展示这种产品，并且能够与网友及时互动交流沟通，能够吸引更多的人关注自己的产品，带来销量，当然网络直播观看的人数越多越好，主播还是需要有一定的名气的。某草根网红直播土货，当天超过10万人在线观看，开播前5秒销售4万枚鸡蛋，27种农产品全部售罄，创造了销售神话，在直播结束之后，销售额持续不断增长，达到了200多万元，这是非常值得借鉴的。通过网红给大家带来流量介绍农产品，那么这种农产品需要有自己的地方特色，直播不像开网店那么简单，非常的复杂，有很多的不确定性，需要提前准备应对各种状况的发生，人物、场景、流程设计以及客服和售后，都要比网店要复杂得多，所以需要提前计划。

（一）农产品直播的主要内容

1.农特产品的生产、加工过程

很多地方都有世代传承下来的农事节，而随着现代社会的发展，这些节日逐渐被人们淡忘，直播这些农事节不仅可以引发很多人的围观，还可以传承优秀的中华文明。

2.辨别农特产品质量分类办法

不仅可以向消费者说明自己的农产品优质之处，还可以通过"科普"的形式向大家传播知识，增强消费者的品质信任度。

3.农特产品的食用办法

想要抓住消费者首先要抓住消费者的胃，对于同样的农产品各地的吃法各不相同，通过直播的形式向消费者展示农特产品的食用办法，不仅可以通过美食"引诱"消费者，还能帮助消费者DIY，反复尝试，反复购买。

（二）农产品直播的策略

1.选择合适的平台

农业跟其他行业不同，农业适合各个年龄段的人群，因为几乎没有谁不吃农副产品。因此在平台选择上，应选择综合类或者户外类、农业类的直播平台，例如抖音、快手、火山这些视频平台。

2.确定产品目标群体——丰富直播内容

目前很多的农产品直播只是简单的兜售农产品，或者直接模仿其他产品的直播套路，不去围绕农产品本身的特质，挖掘、优化、创新直播形式和内容，直播带货的魅力就不能充分发挥出来。一场直播就是一场促销推广活动，必须要有一个鲜明的具有吸引力的主题。在这个主题之下，通过视觉子系统、听觉子系统与互动子系统的有机整合，来达成直播营销的目标。视觉子系统中的直播场地、主播形象，以及产品展示等环节都应融入创意思维，锁定观众眼球。现场的配乐、主播的话术，如何与观众互动都应该做精心的策划，提高观众的沉浸效果。总之，只有让观众在直播间感受到尊重感、愉悦感和获得感，才能提高观众进场率和留存率。同时根据不同的农产品对应不同的消费群体策划特色的活动，也可以请当地企业家、政府人士、文体明星、演艺界明星，如果觉得花费比较大，可以找一些小网红来帮忙直播推荐。

3. 普及产品品种特色——传播专业知识

就像其他品类产品的网红主播会在直播前选择有卖点的产品一样，农产品直播当然也离不开有卖点的农产品。要实现更有效益的农产品直播带货就离不开体现当地特色和优势的同时有一定知名度的农特产品为主的产品选择策略。从农产品直播的传播效果上看，以地区特色农产品为主的产品策略是个明智的选择：第一，直播带货的铁律是"有流量才有销量"，特色优势农产品本身具有一定知名度和消费群体，能够吸引大量观众形成流量红利；第二，在直播农产品中，不仅仅是直接销售农产品，也不仅仅是一次性销售，直播的过程在销售农产品的同时，更多的是吸纳更多的粉丝，凝聚更多的忠诚粉丝，只有达到一定数量的忠诚粉丝才能很好地持续实现产品的变现，因此，在直播时可以通过介绍更多的产品专业知识、专业的使用办法等，让粉丝认可主播的专业，增加更多的信任。比如新疆阿克苏冰糖心苹果，通过专业的主播在直播的过程中传播如何判断苹果的品质，如何区分新疆阿克苏冰糖心苹果，通过直观的方式传达给粉丝，实现在给产品代言的同时，传播知识，让更多的粉丝增加信任度，真正做好粉丝的维护。

4.农产品直播要有现场感

由于有较多的人对农产品安全不放心，所以我们在农业直播的时候，直接去农产品生产地直播，可以讲产品的起源故事，也可以讲产品种植技术，中间可以送礼物，或者邀请观众去原产地去体验、采摘，或者教大家做一些简单的事物，或者教大家挑选水果蔬菜，等等。比如夏天卖西瓜，你可以到瓜田，对着镜头，先拍摄下西瓜的生产环境以及周围的山山水水，然后亲自采摘一个西瓜，清洗西瓜，剖西瓜和品尝西瓜，同时聊聊西瓜产地的文化、典故、西瓜的品种、培育成长，让大家知道你的农产品是健康绿色的。同时要特别注意自己产品的质量，不能只顾眼前小利而损失了粉丝的数量。

5.推出诱人活动

做直播最终目的是要销售产品，在直播的时候别忘了给产品推出一些给力促销活动，来刺激消费。另外我们一定要做好售后服务，给每个产品提供使用说明书、售后服务单，同时也要结合产品自身的特点做好包装设计，一方面可以吸引观众，另一方面也能给收到实物的观众带来惊喜。这样我们的农产品看起来会更专业。

二十、农业众筹的方法与策略

众筹又称为群众筹资或者大众筹资，众筹是互联网金融模式之一，由众筹发起人、众筹平台、跟投人构成。主要是指通过互联网方式依托平台发布筹款项目并募集资金。相对于传统的融资方式，众筹具有低门槛、多样性、开放性等特点，只要有人喜欢你的项目，都可以通过众筹方式获得项目启动的第一笔资金，为更多小本经营或创业的人提供了无限的可能。在众筹的时候发起人必须在预设的时间内达到或超过目标金额才算成功，如果众筹失败，发起者就需要把资金退还给投资人，这里大家要明确一点众筹不是募捐，投资者在众筹项目上会得到一定的回报，这是众筹和募捐最大的区别。众筹一可以筹资金，降低风险；二可以筹资源，产品众筹筹的就是客户，股权众筹参与方也可以带来自身的一些资源；三就是可以以一个低廉的价格进行推广，使得产品和公司的品牌度得以提升。不管是发起众筹还是参与众筹都要选择正规众筹平台。

农业众筹是由消费者众筹资金，农户根据订单决定生产，等农作物成熟后，将农产品直接送到消费者手中的一种模式。通过聚集大家的资源和金钱来发展农业项目，其目的就是将三农优质项目推向互联网金融机构，以"互联网＋金融"模式，打通农民融资难的"最后一公里"，达到三农产品去中间化，直达城市消费的目的。相比传统融资方式，农业众筹的融资渠道更为直接，生产者的创意和情怀更容易实现，从而实现其社会价值。农业众筹自从2014年正式进入中国大陆后发展迅速。我国农业众筹主要有农产品预售众筹、农业技术众筹、农业股权众筹、公益众筹几个类型。其中，农产品预售众筹居农业众筹四大类型之首。其实，说到底，农业众筹首先是筹钱。因为众筹作为一种解决问题的工具，主要解决的就是资金上的问题；第二就是筹人，这里的筹人指的是筹集目标消费者，也就是将一些志同道合的消费者筹集起来一同分享这一产品；还有就是筹资源，这些志同道合的朋友拿出他们手中所有的资源来帮助项目发起者整合资源，可能是提供更多的销售渠道、可能是提供更多的传播媒介、还有的可能是提供更多的异业合作等资源的互换或互补。所以，从长远来看，这种众筹融资模式和经营模式为农业企业的长足发展提供了契机和出路，解决因为融资难和销售难所带来的经营风险。随着"互联网＋三农"的不断推进，农业众筹发展前景亦值得期待。

众筹类型如下。

（1）农产品众筹。

农产品众筹是农业众筹最火热的众筹模式之一。农产品众筹在本质上是互联网金融与农业相融合的商业模式。对商家来说，销售前置对生产计划和资金回笼大有好处，而对买家而言，能够参与到众筹之中，享受生态和自然的乐趣。

（2）农业技术众筹。

即通过众筹，研究和提高某项农业技术水平，成功后通过推广和使用该技术获得收益。目前国内可考虑以下农业技术的众筹：①杂交水稻的增产技术。粮食在整个世界都占据重要位置，粮食增产技术当然也格外受到青睐。②引种新型农作物的种植技术。这项技术的价值点在于该农作物被世界公认有价值并具有极大的稀缺性，通过该项引种技术可以解决稀缺性问题。③有机化肥农药技术。随着有机食品的热度逐渐升温，围绕着"有机"会形成一条系统的产业链，每一个不可替代的环节都是值得投资的。④农业信息化。虽然农业物联网在我国推广还为时尚早，但是农业信息化技术已经可以开始入手了。

（3）农场众筹。

农场众筹即筹集资源开发农场，对此，可围绕着农场的个性化特色来做文章，围绕着该农场的商业价值来分析确定。众筹的资源可以包括土地、农畜产品、技术、资金等。

（4）农业股权众筹。

我国由于农村劳动力外流，导致农村已有耕地被闲置或者被劳动能力不强的留守人群去经营。而农业的股权众筹则可以通过将闲置、低效率的土地集中起来，以经济组织中最为高效的企业形态进行规模化的经营生产。

农业众筹的风险包括：第一，自然灾害与市场风险。农业众筹投资的收益以农产品回报为主，农业生产必定受到自然因素的影响，特别是农业面对气候灾害、病虫害的抵抗力脆弱，易受灾减产，难以预测收成。这就使得项目发起人在订单农产品的生产过程中，受到自然不可控因素带来的产量、质量严重损失时，需要承担赔偿投资者兼消费者的亏损风险。第二，金融风险。农业众筹不论采用何种具体形式，基本是以投资者兼消费者预先支付资金为运作前提。农业众筹平台虽然会采取某些措施以保障投资者利益免受损害，但实际效果仍然有限。故而在农业众筹的整个链条中，投资者兼消费者所面临的风险是项目方由于项目运作失败而带来的金融风险。而农业众筹投资周期长，也容易导致项目发起人在众筹过程中陷入资金断链的困境。另外，市场不确定因素导致的实际成本高于合约价格的情况。

运作一个成功的农业众筹项目具体包括:

第一,选好拟众筹的项目,需符合短期内收益的条件;

第二,选好众筹的平台,公平公正且模式成熟的平台更受欢迎;

第三,对项目要进行精准策划,使其能打动投资人;

第四,完善主理人及企业形象;

第五,严格遵守法律法规,规避合规风险;

第六,充分运用自媒体和互联网渠道。

借助众筹平台上线众筹项目,具体流程如下:

第一,订单审核:对需求订单数量、品质标准、价格、需求方用途、定金、合同等方面进行评估、审核;

第二,农场尽调:实地对农场从业资格、企业/个人信誉、资产、经营状况、种养殖规模、核心技术等进行全面调研;

第三,专家评估:平台专家对农场、品种品质标准、养殖技术、防疫、保险等方面进行综合全面的评估;

第四,发布众筹:对满足标准的产品,进行上线众筹,并披露相关信息;

第五,项目跟进:线下市场团队定期对众筹项目跟进,确保种养殖众筹项目按期保量保质进行;

第六,众筹完成:种养殖完成之后,按订单交货,跟进回款,返回用户产品,众筹完成。

第七篇 案例篇

一、浙江遂昌模式

遂昌县隶属于浙江省丽水市，位于浙江西南部，由仙霞岭山脉横贯全境，四季分明，全县总面积为 2500 平方千米，其中林业用地占 84.71%、农业用地占 8.77%。总人口 23 万人。遂昌生态环境优越，全县森林覆盖率 82.3%，居浙江省前列。遂昌是浙江省矿产资源比较丰富的县之一，属传统农业地区，长期以种植粮食为主，稻谷为大宗产品，其次为玉米、番薯、豆、麦、小米、荞麦等。茶叶为遂昌主要经济特产。近年来，遂昌大力发展原生态精品农业，将之作为县域品牌来培育打造，在原生态精品农业引领下，茶叶、竹业、生态蔬菜、生态畜牧业、水果干五大主导产业做大做强，杂交水稻制种、中药材、油茶、食用菌、甘薯五大特色产业做精做优。遂昌县先后获中国竹炭之乡、中国菊米之乡、中国茶文化之乡、全国休闲农业与乡村旅游示范县等称号。

2005 年，中国的电子商务刚刚起步，以淘宝平台为代表的电子商务开始走进了中国大地，一大批精明的遂昌人发现了电子商务的新商业模式，利用遂昌优质的农特产品开始进入淘宝平台开设网店，正式走入网上市场，主打的产品主要包括竹炭、菊米、山茶油和番薯延伸产品。随着网上市场的大幅开拓，随着网商队伍的不断庞大，2010 年起对遂昌经济的影响开始增强，遂昌政府开始资源整合，开始统筹规划，加大支持力度，规范化地推进电商发展。2010 年，县工商局、县经贸局等政府相关部门、电商企业、纵横遂昌网等共同发起并成立了遂昌电子商务协会，随着电子商务协会的成立，遂昌电子商务正式进入了有组织的规模化的快速发展期。协会的主要功能是服务性和互助性的，是实现电子商务经营户与供应商"信息互通、资源共享、融合发展"的服务性公共联合平台，其主要工作业务包括：整合网络资源、帮扶电商企业成长、规范电子商务发展。遂昌馆是淘宝"特色中国"的第一个县级馆，遂昌网店协会是遂昌馆的运营方。2011 年遂昌县政府出台支持"全民创业计划"及配套扶持政策，每年拿出大量的财政补助用于遂昌电子商务发展，同时在电商专业人才、创业空间、支持政策等方面加大对遂昌电子商务发展的支持。2011 年成立浙江遂网电子商务有限公司，2012 年，淘宝网与遂昌县人民政府签订中国首个淘宝与县级政府战略合作协议，遂昌第一个和阿里巴巴签订了战略合作协议。电商发展离不开平台，遂昌有不少土生土长的电商平台，其中淬炼出不少农村电商佼佼者，有的平台已经遍及许多省份。2013 年，共同推进遂昌当地特色农产品网上市场，遂昌馆正式上线，遂昌馆是淘宝"特色中国"的第一个县级馆，遂昌网店协会是遂昌馆的运营方，同时吸收了大量的网店卖家、农业合作社和农产品供应商等电子商务市场主体。遂昌馆汇集了竹子品、农特产品、菊米等遂昌本土特产。遂昌馆的推出，是遂昌县域利用互联网和电子商务新商业模式的一次"整体营销"。初步形成了以农特产品为特色，多品类协同发展的全面推进的县域电子商务中的"遂昌模式"。2013 年遂昌电子商务协会的部分成员，筹资成立了遂网电子商务有限公司，正式开始了专业化的电子商务产业链的服务链条。遂网公司就是本土化的电子商务各产业链的综合性服务公司，它整合各方资源和电商专业人才，为本地的电子商务发展提供支撑。物流、冷链、快递、摄影、美工、店铺装修、营销等专业化服务也蓬勃发展起来。

遂昌模式是在浙江省遂昌县诞生的农村电商模式。一是在个体化发展电子商务的萌芽状态下，通过政府超前统筹规划，为解决农村电子商务发展的制约因素，整合资源，集合电子商务专业人才，重点发展本土化的电子商务服务机构这一核心。二是成立了专业化企业进行资源整合，包括农产品供应链等，建立完整的农产品电商供应链体系，实现集聚效应，从而完成遂昌电子商务完整的生态系统建设，制定并推行了农特产品的各类生产和加工标准。通过标准化，提升了当地农特产品的质量，让杂乱无章散、小、杂的"农产品"变成深受消费者喜欢的电子商务销售的"爆品"。

"遂昌模式"的核心是"服务商"，就是"遂昌网商协会"下属的"网店服务中心"，属半公益性质。其核心业务有三块儿：整合可售货源、组织网络分销商群（以当地网商为主）、统一仓储及发货服务。"网店服务中心"在遂昌农产品电商化的过程中起了非常重要的作用：（1）制定并推行了农林产品的产销标准。这使得杂乱无章的"农产品"向"商品"变身有了规范，使"买卖管"三方的沟通有了依据。（2）直接或通过农村合作组织间接地推动农户及加工企业按照上述标准去生产和加工，提升了当地网货的质量。（3）在县里设立了"产品展厅"和"网络分销平台"，统一制作商品的数据包（图片、描述等）用于支撑网上分销商选货和网销，降低了网商的技术门槛。（4）统一仓储，按照网络分销商们获得的订单统一发货并提供售后服务，使他们实现了零库存经营，降低了网商的资金门槛。（5）推动实现了各环节的社会化大协作：农户、合作社只管做好生产，加工企业只管做好加工，网络分销商只管做好推广销售工作。

通过电子商务协会、本地的电子商务服务机构和电子商务企业为大量的个体网商提供电子商务服务，统一进行农特产品的数据化和商品化，满足电子商务分销和网销，利用"电子商务协会+电子商务服务机构+网商+农村产业"的模式，促进农业及农产品信息化和电子商务化，实现了农特产品的触网和上行。

遂昌模式的核心，就是政府主导，企业运营，社会参与。政府对遂昌农村电商的资金投入主要是通过购买服务、培训等方式进行。资金投入是有限的，但这更有四两拨千斤的作用。比如，像遂昌县不可能村村通高速公路，但是网上的高速公路却可以通，遂昌农村的网络覆盖密度和质量水平都很高。

遂昌模式的核心是全力建立了以本地化为主的电子商务综合服务商，通过完整的专业的电子商务服务商的集聚，形成了放大的效应，通过本地化的专业服务商作为驱动，孵化大量的电子商务平台的创业者和从业者，众多的网商成为遂昌电子商务发展的保证，传统产业是遂昌模式的动力，而政策环境则是遂昌模式产生的催化剂，通过整合平台、协会、电子商务服务企业、网商等各方资源带动整个县域电子商务生态链和产业链发展，通过电子商务促进农村产业发展，在政策环境的催化下，形成信息时代的县域经济发展道路。遂昌模式仿照工业上的"流程化"模式建立起了农林产品的社会化大协作，自己把货源整合、商品数据、仓储、发货及售后这些比较琐碎复杂的工作承担起来，让上游的生产端和下游的销售端专注于自己最擅长的工作，不用操心全产业链的事，提升了当地电商的整体运行效率和竞争力。这种模式在县域电商的发展初期具有效率高的优势，特别适合推动当地小电商的批量发展。

二、浙江义乌模式

义乌市为中国浙江省下辖县级市，由金华市代管，位于浙江省中部。义乌是中国首个也是唯一一个县级市的国家级综合改革试点，在 2013 年中国最富有 10 个县级市中排名第一，义乌是全球最大的小商品地、也是全球最大的网货供应地，被联合国等国际权威机构认定为世界第一大市场。义乌自古是穷地，人多地少，义乌的历史上有"鸡毛换糖"的义乌精神，通过红糖、针线等小百货在全国各地换取用作肥料的鸡毛，改革开放后，义乌人传承"鸡毛换糖"精神，拨浪鼓摇出了新天地。20 世纪 70 年代末，开始设立摊位，将走街串巷进行"鸡毛换糖"的货郎担终于固定在了路边的摊位上，实体市场的雏形正式形成。

义乌中国小商品城坐落于浙江省义乌市，创建于 1982 年，现拥有营业面积 550 余万平方米，商位 7.5 万个，从业人员 21 万多，日客流量 21 万人次，经营 26 个大类、180 万个产品，是国际性的小商品流通、信息、展示中心。被联合国、世界银行与摩根士丹利等权威机构称为"全球最大的小商品批发市场"。2016年小商品城成交额为1105.79亿元，2017年义乌集贸市场实现总成交额1493.2亿元，同比增长8.9%，其中中国小商品城成交额1226亿元，2018年，集贸市场成交额达1593.1亿元，其中中国小商品城成交额达1500亿元，继续领跑全国各大专业市场。义乌中国小商品城是中国最大的小商品出口基地之一，目前，义乌市场与全球200多个国家和地区有贸易往来，外向度高达65%，义乌常驻外商有1.3万多人，外交部、中国电信、中国移动等机构在义乌建立采购信息中心，有100多个国家和地区在市场设立进口商品馆，经营7.7万余种进口商品，"买全球货，卖全球货"的国际化格局初步形成。

30年前，义乌以小商品为支点，撬动世界大市场，靠实体店铺改变命运。30年后，义乌靠电子商务改变命运。以电子商务为支点，义乌市场抢抓"互联网+"机遇，继续引领线上小商品的潮流。目前，在政府引导和市场倒逼的双重作用下，电子商务等新业态在不断涌现，成为市场创新发展、转型升级的"发动机"。2013年，义乌举行了30万电子商务人次培训。在这个大数据时代，作为我国国际贸易综合改革试点，义乌率先拉开了电商人才储备大幕。曾经有人说，义乌是全国从事电子商务创业和就业最好的城市之一。

近年来，义乌以打造"全国网商集聚中心、全球网货营销中心、跨境电子商务高地"为目标，坚持将电子商务定位为战略性、先导性产业进行重点培育，连续四年位列阿里巴巴发布的"中国电商示范百佳县"榜单榜首，目前全市有电商园区30个，建筑面积超200万平方米，其中"中国小商品城·网商服务区"被评为国家级电商产业园。义乌连年在县域电子商务发展指数排名中居全国第一位，而且与第二名差距不小。义乌用实践证明了浙江提出的"电商换市"的可能性，也让义乌世界小商品城实现了网上的再造。全市电商账户数已超31万，内贸网商密度位居全国第一，外贸网商密度全国第二，2019年义乌拥有164个淘宝村、13个淘宝镇。根据统计数据，2018年，义乌实现电子商务交易额2368.3亿元，同比增长16.74%，其中跨境网络零售交易额654.72亿元，同比增长17.71%。邮政和快递业务量达到29亿件，同比增长52.03%，位列全国城市第四。截至目前，义乌在淘宝、天猫、阿里巴巴、亚马逊等知名平台上的电商账户达 27.8 万户，内贸网商账户超过 15 万户，外贸网商账户超过 12 万户。在网商产业链方面，义乌有网拍店铺 200 余家，各类物流企业 2500 余家，海外仓 30 家。电商业交易规模也超过实体市场。

作为全国商品交易市场的领军航母，近年来义乌借助繁荣发达的市场和畅通发达的物流优势，电子商务迅猛发展，电子商务"洼地效应"日益显现，有形市场和无形市场呈现互促共融发展态势，"做电商，到义乌"已成为热潮。义乌电商有一个重要的现象就是"网批"，义乌网商从义乌市场和本地厂家采购的量估计有 70%，而初创业的这个比例更是有 90% 以上。也就是说，强大的义乌小商品城市场并没有成为电商发展的障碍或者说包袱，而是成为支撑义乌电商的强大产业基础，在电商发展进程中，那些传统的义乌小商品批发商纷纷转型为网上批发商，并由此进一步延伸，成为电商服务商。于是，独特的国际小商品城优势＋网批为代表的电商服务系统，共同推动了义乌电商的快速发展。

随着电子商务的发展和"义乌模式"进入瓶颈期，拥抱电商成为义乌的商业个体和政府的自然选择。近年来，义乌一直将电子商务作为市场转型升级的主引擎，全力推进"电商换市"工程。义乌成立了市委书记任组长的电子商务工作领导小组，成立了电子商务办公室和电子商务服务中心、电子商务研究院等；在经费保障上，财政每年计划安排 3000 万元设立电子商务专项资金，成立电子商务产业引导基金，建立电子商务贷款风险补偿机制；在发展平台上，规划建设义乌国际电子商务城，发展虚拟电子商务园，搭建市镇两级电子商务园区，等等。

"电商换市"政策在商贸模式转型过程中功不可没。"电商换市"并非简单地"换"掉市场，而是包括将商品销售电商化、居民消费电商化以及各类服务电商化。这既包括建立和引进新的电商企业，也包括原有企业通过互联网来实现飞跃和转型。自义乌喊出"电商换市"口号以来，营造优越的政策环境，义乌政府将有形之手伸向电商领域，开展了一系列走在前列的电商市场发展探索。

市商务局（电商办）公布了 2016 年度政策扶持企业名单。多次获得全球各大国际贸易电子商务平台荣誉奖的义乌潘朵电子商务有限公司就获得 30 万元的政策补贴。同时义乌还陆续出台了扶持电商发展的四个政策，涉及跨境电商示范区、陆港电商小镇招商、龙头电商企业竞买现有工业厂房、农村电子商务发展，件件都是针对目前义乌电商发展的痛点。

现在的义乌已居深圳之后，是全国跨境电商密度第二高的城市。整个义乌市，在各类平台的跨境电商账户数超过 11 万个，光是速卖通平台上就有 3.6 万家电商，交易额占全国总量的 15%。同时，还出现了 20 多家跨境电商培训机构，提供不同平台的专门培训。近几年，义乌把电子商务定位为战略性、先导性产业，并提出打造"全国网商集聚中心、全球网货营销中心、跨境电子商务高地"的口号。

大批新型服务平台的喷涌式出现，更是促进了义乌"线上 + 线下"商贸的融合发展。"义乌购"平台的推行针对解决线下痛点问题，所有来义乌的客商不仅能在"义乌购"上看到各个商户的完整 3D 实景图，还可查询商户诚信信息，任何失信行为都会在"义乌购"上登出说明，方便商户和客商沟通；针对义乌市场特色的移动服务 SAAS 平台"义采宝"，高效对接了供求两端。

成功经验：（1）认识超前，电商发展启动早，动作快，力度猛；（2）产业配套，义乌的小商品非常适合电子商务，既有商品种类上的底气，更有商品价格上的底气；（3）人才优先，公益性的分层分配培训体系非常完善，吸纳了大量的电商人才涌入义乌进行创业和就业；（4）政策扶持力度大，有持续的全方位的政策、资金、项目投入。

三、浙江临安模式

发展信息经济，杭州一直领跑全国。临安借助这一得天独厚的区位优势，积极发展电商产业，主要经历了三个阶段。

2005—2011 年是临安电子商务发展的第一阶段，也是临安电子商务从零起步的探索时期，在这个阶段更多的是个人自主的创业行为，形式单一，借助"浙江农民信箱"等渠道发布农产品信息，吸引客商前来洽谈业务。

第二个阶段是 2011—2014 年，是临安电商发展时期，从个人自发行为过渡到政府规范引导，走集聚化发展道路。临安政府先后出台了《关于进一步加快电子商务发展的若干政策意见》《临安市人民政府关于加快商贸与物流发展的若干政策意见》等文件；与相关高校、电商服务企业合作，启动"电商伙伴计划"，加强对电商人才的培养；建立产生集聚效应的电子商务创业园、阿里巴巴淘宝特色中国·临安馆，初步形成了淘宝户、淘宝村、淘宝镇和电商龙头企业的发展格局，培育了新农哥、谷的福等一批电商龙头企业。2007 年，白牛村出现了首批"淘宝掌柜"，成为临安淘宝的发祥地。凭借山核桃原产地的优势，白牛村靠坚果电商起步，迅速走红。2014 年，白牛村的网销额达 3.5 亿元，年销售额 500 万元以上的电商户共有 12 户。同时临安政府提出了白牛电商小镇建设目标，以白牛电商小镇作为农村电商升级发展的主引擎、主平台，将白牛电商小镇作为全国乡村振兴样板，打造集创业、孵化、农旅为一体的电商产业特色小镇，实现临安西部城乡统筹区域发展。2014 年，临安农产品网销额达到 30 亿元，白牛电商开始享誉全国，近年来每年都有 5 万余人来考察学习农村电商白牛模式，与全国 37 个区县市合作，输出临安模式，白牛品牌效应不断扩大，从 2014—2016 年，临安连续三年获得"中国电子商务百佳县"，2017 年，获评阿里巴巴全国"农产品电商 50 强县"。

第三个阶段是 2014 年至今，是临安电商壮大时期。政府出台了引入产业引导基金，电子商务融和一二三产业发展的"1+3"产业扶持政策，同时也开始建立"2 镇 + 1 园 + 多区"电商体系。"2 镇"为龙岗坚果乐园小镇和白牛电商小镇；"1 园"是中国（杭州）跨境电子商务综合试验区临安园区；"多区"分别是以镇街为主体建设的电子商务集聚区等。白牛电商小镇计划用 3—5 年时间，投资 58 亿元，打造集创业、孵化、农旅为一体，统筹西部城乡发展的电商产业特色小镇。同时通过建设白牛村、玉屏村等重点电商公共服务平台，建设三级电商公共服务配套体系、农产品网络品牌培育体系、农产品供应链和物流体系，加强农村青年网络创业机制建设，实现农村电子商务转型升级，并加大电子商务在实体经济中的推广应用，促进电子商务与工业企业、跨境贸易、生态旅游、农村治理融合发展，使电子商务逐渐成为临安经济转型及升级的新手段和新引擎。

经过十余年时间发展，临安形成电商规模企业 30 家，其中亿元企业 3 家；临安结合农村发展趋势，积极推动电商发展，电子商务已成为本地农民开启金山银山的钥匙，形成了较为成熟的电商经济产业链，有效推动了乡村振兴。截至 2017 年，共有电商规模企业 27 家，其中亿元企业 3 家。行政村农村电商覆盖率达 90% 以上，累计培育了淘宝镇近 10 个，培育了淘宝村近 30 个，整个临安拥有农村淘宝网店近万余家，很多的农特产品，特别是最为体现当地特色的山核桃大部分通过电子商务销售。在 2017 年的"双十一"，临安农产品销售额超亿元，白牛村销售额 1200 万元，新农哥一天线上销售额实现 1200 万元。

临安电子商务的兴起，不仅扩大了临安名优农产品的销售半径，有效解决了农产品从农村到城市的上行问题和消费从城市到农村的下行问题，还拓宽了农村劳动力就业，形成了一条完整的包装、设计、快递等行业的电商发展产业链，形成了"市场倒逼、政府推动、大众创业"的临安模式，进一步打响了临安对外知名度和美誉度。从白牛走出的电商服务商闻远科技还探索出中国农村电子商务的"临安模式"，并将其成功经验复制到其他 30 多个地区，先后打造出"百色模式""紫云模式""三都模式"等县域电商发展模式，助力"黔货出山"。

基本经验：（1）村企联动，建设农产品电商示范村 7 个，500 万元以上的电商企业 38 家；（2）要素聚集，建设临安电子商务产业园、龙岗坚果炒货食品园（城）和多个农产品基地（村）；（3）网上开拓，充分利用"淘宝·特色中国—临安馆"集中进行形象展示，同时开发临安微信平台，集旅游、传媒、娱乐、生活、服务于一体。

主要启示：（1）坚持多条腿走，既让农产品企业转型电商，也让农民加入网商队伍；既要做好网上零售，还要占据网上批发的主动；（2）适时推动产业要素聚集，夯实电商发展基础。

四、浙江丽水模式

2019年浙江省商务厅公布了省级电商专业村和电商镇名单。丽水的北山村等51个行政村获得了2019年浙江省电商专业村称号，丽水实现了电商专业村市域全覆盖。此外，缙云壶镇等8个镇获得浙江省电商镇称号。作为全国第一个农村电商全域覆盖的城市，丽水通过政策支持、平台搭建、产业帮扶、人才培育、氛围营造等多措并举，助推电子商务工作实现创新发展。

（一）大力发展农村电子商务

一是搭建农产品销售平台，政府牵头推进淘宝丽水特色馆建设，目前建设丽水特色馆、阿里巴巴产业带2个，仅阿里巴巴2个丽水产业带在2017年实现交易额近10亿元；10个淘宝特色中国丽水馆实现交易额近1000万元。二是深入推进"电子商务进万村工程"，累计投入和建成县、乡、村三级农村电子商务综合服务点近万个，基本上覆盖了全市所有的行政村，在服务农民发展电子商务上持续发力，累计服务近千万次，交易额近10亿元。三是重点培育和发展电商专业村标杆，实现农村电商集聚效应和示范效应。共有43个行政村被认定为省级"电子商务专业村"。全力打造遂昌农村电商创业小镇，小镇建设以PPP项目合作形式开展，目前已正式开工建设。四是强化农产品电商主体培育。五是推进丽水特色农产品O2O项目建设和运营。

（二）加快发展跨境电子商务

一是积极推进跨境电商产业集群工作。2016年5月，云和县被列入省产业聚群跨境电商试点。11月公布的浙江省产业集群跨境电商先进地区名单中，云和县作为木制玩具产业集群跨境电商发展试点，被评定为浙江省产业集群跨境电商先进地区，系全省5个先进县（市、区）之一。二是涉侨电子商务建设得到加强。依托青田侨乡进口商品城，引进第三方电商平台，截至目前侨乡进口商品城已有跨境电商服务型企业4家，分别建设了侨海购、淘七洲、跨贸通、七彩易购等平台；青田侨乡进口商品城建设至今，已入驻侨商企业131家，目前90%的商户都与天猫店、淘宝店、青田网、邮乐购等平台开展合作，进行网络销售，同时自发进行微信销售、微信组团等活动。三是积极培育和引进跨境电商经营主体，推动传统企业发展跨境电商。截至目前，丽水市在速卖通、EBAY、亚马逊等第三方平台开设跨境电商（出口）活跃网店超过600余家。今年丽水新增阿里巴巴跨境电商B2B企业61家，目前共213家，同比增长39.2%；使用阿里巴巴一达通外贸综合服务企业289家，同比增长49.7%，进一步提高了丽水企业外贸接单能力，促进了国际贸易支付方式多元化发展，尤其在信用证及赊销等国际贸易支付上明显提高；阿里巴巴丽水跨境电商服务中心2016年服务功能已全部完成。此外还引导金诚电商公司建设集"货源、展示、孵化、仓储、培训、办公"等功能为一体的综合性跨境电商中心，引进50名网商入驻；帮助该中心完成"仓宝宝"ERP管理系统开发，培训跨境网商350名，2016年实现跨境出口250万美元。

（三）积极推进旅游、文化电商发展

一是智慧旅游有效推进。截至目前，全市累计有440多家/次旅游景点、8000多家/次酒店宾馆在携程、去哪儿、飞猪、途牛、艺龙、同程等知名第三方平台开展网销业务。丽水全域旅游数据中心于2019年11月5日正式亮屏，该平台现已通过省平台接入包括个推、OTA、银联、高速以及景区实时视频等数据。智慧旅游综合服务平台"一机游丽水"已经于7月25日正式上线运作。二是举办"喜迎G20，杭城丽水游"2000万元消费券发放活动，活动主要通过网络渠道进行推广营销，并采取了各项措施推动活动顺利开展。三是构建"互联网+"文化产业模式。将"乡村春晚"与电子商务结合，采取"乡村春晚+每个县乡村最美年味"的模式，将全市581台迎春乡村晚会、191场非遗年俗展示和景区进行了串联。

五、山西省武乡模式

岭头村所在的山西省长治市武乡县，地处太行山西麓。抗战时期，八路军总部和中共中央北方局等首脑机关曾在武乡驻扎。当时仅有14万人的小县，有9万多人参加各类抗日团体，2万多人为国捐躯。这块具有光荣革命传统的抗日老根据地，是国家扶贫开发工作重点县。

（一）利用互联网打通干群关系"最后一公里"

针对革命老区贫困村党员干部和群众观念落后、支部凝聚力不强的问题，第一书记史小兵依托互联网建立了"一号三群"，为贫困村党建搭建互联网交流沟通的平台，即：微信公众号－岭头新视界，党员干部帮扶群、党员学习群、微店精英群，群众由跑村委变成了跑网络，村里大事小情基本实现了网上公开快捷透明办理，老区百姓搭上了互联网的快车道。

（二）突破传统农业模式，发展互联网＋乡村旅游

岭头村所在的上司乡海拔高，生态环境好，是上党地区山西大黄梨主产村，有上千棵百年老梨树。但近十几年，由于无人管理，缺少宣传，大黄梨价格偏低，几万斤黄梨烂在田间地头，守着资源没饭吃。因此打破之前单一靠卖梨赚钱的发展思路，另辟蹊径发展"美丽经济"推动乡村旅游发展。在村委会大力支持下，在互联网上发起"保护老梨树，留住老味道"公益行动，在微信公众号上建立岭头乡村旅游频道，引起新华网关注报道。动员村民对1000多棵老梨树进行剪枝、刮皮、施肥、喷药管护，让百年老梨树焕发新生机。2016年、2017年，通过网络宣传，岭头村成功举办两届岭头梨花节，吸引6000多名来自太原、长治周边的游客赏花观景，成为上司乡百年一遇的盛况。梨花节期间，通过线下线上带动农家乐和卖土特产，张满堂等10户贫困户线上线下均增收达2000余元。在发展乡村旅游取得初步成果后，村党支部又提出了"春赏花、夏避暑、秋采摘、冬踏雪"的发展思路，积极开展美丽乡村建设和乡村文化建设，先后在岭头百年老槐树前建立了寻根问祖文化墙、百孔千米窑

洞文化走廊、百年梨王园、造雷英雄郭大海故居、焦爷坟、焦爷井、抗战逃难窑、明清地道、岭头乡村记忆馆，对即将消失的农耕文化进行恢复传承。2016年10月，岭头村被确定为全国乡村旅游扶贫重点扶持村。

（三）探索开展电商扶贫，打造"三晋微店第一村"

岭头村生态环境好，小米、黄梨、核桃等土特产品十分有名，实施破冰改革，充分利用岭头资源禀赋，依托互联网打通乡村优质农产品通向大城市的通道。在县委县政府重视和支持下，2016年8月份，率先提出发展整村微店模式，带动贫困户在手机上开微店，将小米、黄梨、核桃等原生态特色农产品卖向全国。目前，岭头村发展微商100多人，带动贫困户26户，户均增收5000余元，全年微店线上线下销售收入达到100万元。贫困户魏宝玉因为手机直播卖小米，还被《新闻联播》《人民日报》予以专题报道，在全国引起一定反响。

六、其他模式

（一）河北清河

素有"中国羊绒之都""中国羊绒纺织名城"之称的清河县，是中国最大的羊绒产业集聚地。近年来，电子商务已成清河最具特色的商业群体。其中羊绒纱线产品的销售额占整个淘宝网该类目的74%。清河县委、县政府抓住互联网和电子商务发展红利，提出了"线上线下互动、有形市场与无形市场互补"的发展思路，清河电子商务正是依托羊绒这一专业和传统的市场得到快速发展。清河电子商务依托传统优势产业，形成了独具特色的县域电子商务发展模式："专业市场＋传统产业＋电子商务"的"清河模式"。目前清河县网店数量已超过3万家，从业人员达6万人，有16个淘宝村。政府积极为电商从业者提供资金、税收、服务等政策，引入产业集群园区化发展战略，搭建具有行业影响力的B2B、B2C平台，为企业进行配套推广、拓展渠道等服务。为了使农民进入电商行列，清河县设立常年培训班，免费对农民进行"淘宝网入门""网店提升"等技能培训；县里成立的电子商务服务中心，还与淘宝网"万堂书院""网商动力""单仁咨询"等机构合作，开设"爆款打造""搜索优化"等专题培训，每年培训20多场1万多人次。通过培训，越来越多的农民步入电商行列。为了加快羊绒深加工的推进步伐，清河县委、县政府推出了"政策激励"举措，形成完整的产品链和服务链，让老百姓尝到电子商务甜头，清河县羊绒制品品牌已有上千个，总体上清河县电子商务在全国起步靠前，现在已进入发展转型期。转型期县域做电商，人才瓶颈和品牌塑造是"两座大山"。目前，清河县政府也逐渐意识到其电子商务发展的短板，一方面成立电子商务培训中心，缓解企业人才和研发能力不足的问题；另一方面加大对品牌的培育力度，组织企业参加国家和省驰名商标的申报，对自主品牌企业的营销推广给予一定财政补贴。通过电子商务逐渐改变着农民的生产方式和消费模式。清河县正在走集约化、品牌化道路。

基本经验：（1）专业市场＋协会＋监管＋检测，依托传统优势产业，清河电商走出了一条独特的"专业市场＋传统产业＋电子商务"的县域电商发展清河模式；（2）孵化中心＋电商园区，利用孵化中心形成电子商务产业链，实现产业集聚最大化；（3）全线出击，除淘宝、天猫等平台外，自建新百丰羊绒（电子）交易中心和O2O模式的"百绒汇"网等电子商务平台；（4）推进品牌战略，24家羊绒企业跻身"中国羊绒行业百强"；（5）强化基础设施建设，加强电子商务产业园、物流产业聚集区以及仓储中心等配套建设。

主要启示：当电商成为一场轰轰烈烈的群众运动后，政府最重要的是在暴发中顺势而为，电商需要政府如何改革，政府就如何改革；电商需要政府提供什么服务，政府就提供什么服务。清河羊绒电商的发展模式与河北白沟的箱包电商、义乌的小商品电商非常相似，都有强大的传统产业或专业市场作支撑。因此，其电商供应链的效率高、商品价格低、行业竞争力强。传统产业发达的地域，其企业的自我发展意识和能力很强。政府只要营造好电商氛围、整合好电商生态，通过树立一批典型，就有望实现"多米诺骨牌"效应。但是，由于产业相同，产品类似，这种地域在发展电子商务的过程中，要注意做好行业自律和政府监督，引导企业创新发展，走品牌化和差异化竞争之路，不要陷入"价格战"这种低层次的竞争，给各家企业，最终也将给整个地域带来不可估量的损害。

（二）甘肃成县

身处陇南贫困山区的甘肃成县，在电商启动之初面临一穷二白的困难局面。在县委书记李祥的带动下，全县干部开微博，从宣传成县核桃入手，营造浓烈的外部氛围，促进草根电商创业，再配套加强电商服务，走出了一条独特的电商扶贫模式。2013年以来，成县围绕贯彻落实市委、市政府"433"发展战略关于实现电子商务集中突破的决策部署和"1333"电商发展总体思路，紧紧围绕脱贫减贫这一目标，从贫困县情和资源禀赋的实际出发，深入挖掘产品资源，积极探索电商与精准扶贫深度融合的有效机制，以农产品电商为突破口，通过党政部门、干部群众、市场主体、社会各界等联动互推，依托返乡青年、未就业大学生、帮扶干部、村组干部等群体的广泛参与，着力打造电商全产业链，构建了以行政推进、基础保障、产业支撑、平台服务、宣传推广为主要内容的电商扶贫生态系统，打通了网店、平台、就业、信息四条电商带贫渠道，形成了党委主导、政府主抓、协会引领、典型示范、部门联动、全民参与的电商发展浓厚氛围，推动了农民创业致富思维转变、贫困乡村群众自我造血功能提升、农业产业结构调整、农村基础设施改善，走出了一条电商扶贫的新路子，实现了广大群众依托电子商务持续增收，让绿水青山变成了群众增收致富的金山银山。

1.突出顶层设计，强化行政推动

在发展之初，围绕电子商务在农村"有人抓、有人管、有人推"这一目标，把电子商务作为县乡村三级党委政府的"一把手"工程来抓，成立了以县委书记任组长的县电子商务工作领导小组专门负责全县电商发展的协调和领导工作，成立县电子商务中心负责全县电商发展规划和业务指导，全县17个乡镇也分别成立了以乡镇主要领导为组长的电商领导小组、抽调专人负责电子商务在农村的推进。出台了以《关于加快电子商务发展实现集中突破的实施意见》《成县电商扶贫试点工作实施方案》《电子商务工作督查考核办法》《电子商务工作奖励扶持办法》等为主的一系列政策文件；形成了以政府推动、社会参与、协会引领、市场推进、金融支撑、媒体助力为主的"六位一体"工作推进机制。

2. 突出基本要素，打牢电商基础

围绕破解制约农村电子商务发展的"瓶颈"因素，结合"1+17"精准扶贫工程，从基础设施、公共服务、产业增收三个层面启动实施了电商扶贫"九大工程"。在电商人才培养方面，把解放思想、改变干部群众观念与有效推进电子商务在农村地区的落地生根相结合，普及电子商务知识在农村的应用，实施了"农村电商人才培训工程"，打开了思想的"总开关"，推进了思维理念的与时俱进。在基础设施建设方面，实施了"农村道路硬化工程""宽带网络覆盖工程""农电网改造工程"等，加快贫困村基础设施的改善。在快递物流方面，成立快递物流企业42家，投递业务范围覆盖245个行政村，覆盖率100%，扶持建成了顺通电子商务物流园、同城快递等本地物流快递企业，从事乡村快递物流配送，有效解决了偏远农村地区快递物流"最后一公里"难题。在金融支撑方面，针对电商企业及中小网商缺资金、贷款难的实际问题，专题举办金融支持电商发展专属产品推介会，支持电子商务产业发展，有效解决了银行有钱放不出、电商企业及个体网商缺钱贷不到的两难尴尬局面。同时，围绕整合项目资源启动建设了包括淘宝特色中国·陇南馆、陇南电子商务产业孵化园、顺通电子商务物流园在内的"一馆两园"产业和服务平台，电商发展硬件基础更加扎实。

3. 突出平台建设，助推多头并进

围绕壮大电商主体，按照市场原则，加大电商项目招商引资力度，与阿里巴巴集团合作实施了"千县万村"计划农村淘宝项目，建成了淘宝网特色中国·陇南馆、京东帮服务店、苏宁易购直营店。依托国家电子商务进农村示范项目，建成了以县级电子商务服务中心、17 个乡（镇）电子商务服务站和 167 个村级电子商务服务点为主的县乡村三级电子商务公共服务体系，形成以农产品电商、旅游电商、本地生活服务类电商业态为主的农村电商发展格局。

成县在精准扶贫中充分发挥电子商务的作用，利用了农村电子商务的发展增加就业岗位和创业机会，增收致富，改变了贫穷面貌，促进了县域经济发展，加快实现了"农业更强、农村更美、农民更富"的发展目标。一是通过互联网和电子商务新商业模式，改变人们的思想观念，通过普及和应用互联网和电子商务改变农村的基础设施建设和农民的创新意识，通过扶持一批知识水平相对较高的退伍军人、农村致富带头人和务工返乡人员参与电子商务，开展就业和创业，培育和扶持了一批"互联网＋"时代"新农民"和新型电商创业"网军"，在自身实现致富的同时，带动周边更多的人参与到电子商务行业中来。二是通过互联网和电子商务倒逼和反哺农村特色产业结构调整和农产品标准化生产，电子商务不仅大大增加了消费市场，拓宽了农产品销售渠道，让更多的农特产品便捷的出村进城的同时，通过电子商务大数据也让农民即时的了解和掌握消费者个性化、多样化等需求，这也极大地激发了农民调整种植结构的积极性，通过电子商务提升了农村经济发展的内生动力，农业种植和生产加工方式由原来"种什么卖什么"向"消费者需要什么就种什么生产什么"转变。三是促进了农村产业整体融合发展。电子商务的发展促进了"互联网＋一二三产业"的深度融合，促进了"电子商务＋一二三产业"的深度融合，实现了涉农企业、种植大户、农村合作社及农民电商转型升级，同时通过线上引流带动了线下旅游业的快速发展，农村电商业态由单纯以农特产品销售为主的电子商务发展到乡村旅游电商等一二三产业多头并进的发展格局。

基本经验：（1）将电商作为县乡村三级党委政府的"一把手"工程，突出顶层设计，强化行政推动，主导电商开局；（2）在力量薄弱的情况下，突出基本要素，打牢电商基础。围绕破解制约农村电子商务发展的"瓶颈"因素，推进"1+17"精准扶贫工程；（3）统筹全县资源，整合电子商务平台、第三方服务企业、物流企业和电子商务服务机构，完成县、乡、村三级电子商务公共服务体系，包括县级电子商务服务中心、乡级电子商务服务站和村级电子商务服务点。

（三）吉林通榆

通榆县是典型的东北农业县、国家级贫困县，相对交通不便，以传统方式销售农产品，总体上农村电子商务发展基础薄弱；但通榆县农特产品资源丰富，是"杂粮杂豆之乡"。为发展通榆县的电子商务，改变传统方式销售农产品，扩大销售市场，当地县委县政府全力发展农村电子商务，整合社会力量共同投资成立了一家在当地具备相对优势电商运营能力的电子商务运营公司——"云飞鹤舞"，形成了"种植户 + 电商运营公司"的通榆电商模式。"云飞鹤舞"也是"通榆模式"最为关键的节点：它的一头连接着农户和农产品，一头连接着电子商务销售平台。一头建立农特产品供应链，制定农特产品品质标准，整合农户、种植合作社、种植基地等农产品，形成农特产品的集散中心。另一头将整合的农特产品实现商品信息化，通过各大电子商务平台销售。在短短一年时间内，"通榆"发展成为全国第三个农村淘宝的试点县，同时也被阿里巴巴纳入"千县万村"的发展战略。

基本经验：（1）政府统筹，市场主体。在政府统筹的前提下，积极放权，明确电子商务发展的市场主体，在政府的全方面支持和扶持下，让市场主体发挥真正的作用，实现市场化操作。（2）深度挖掘，打造特色网络品牌。从通榆特色资源出发，深度挖掘、深度开发，打造了"三千禾"品牌。（3）线上和线下深度融合，整体开展营销和推广。线上和线下渠道整体设计、同步推进。

主要启示：与"遂昌模式"类似，通过一个市场化运营的电子商务企业"云飞鹤舞"实现电子商务产业链的资源整合，包括供应链整合、农特产品的品牌打造、市场集中开拓，等等。"通榆模式"与"遂昌模式"有一定的相似性，但"通榆模式"对于发展大量的小网商的促进作用不明显。"通榆模式"适合当地电子商务基础较为薄弱、农产品没有形成产业化和品牌化，没有形成集聚效应的县域。

（四）陕西武功：从县域电商到农村电商经济的发展

武功是新疆、青海和甘肃三省区东出的重要通道。武功县拥有高速公路、陇海铁路、西宝中线，省道 107 穿境而过，交通发达，地理位置优越，是重要的交通枢纽和物资集散地。武功县凭借"铁公机"发达、食品加工业基础较好等优势，提出了通过电子商务"买西北、卖全国"的战略规划，形成了"集散地+电子商务"武功的电商模式。建有武功县电子商务产业园，打造了国家级的电子商务示范基地，积极构建了基于农村电子商务产业链相关的服务电商产业体系，大力推进武功县传统制造业与信息产业的融合发展，实现"买西北、卖全国"的县域经济全面繁荣，主要用于电商企业入驻、产品检测、数据保障、商品贸易、平台建设、物流配送、融资支持、学校电商模拟实训、产品整合、展示、仓储、电商公寓等。

基本经验：（1）开展电子商务发展一把手工程，成立领导机构和工作小组，开展顶层设计及统筹农村电子商务发展。（2）成立行业组织，包括电商、流通协会，发挥电子商务市场主体作用，以市场化的方式统筹协调县域电商发展。（3）利用和发挥了武功交通优势、仓储优势、发达的物流优势，降低物流成本，实现安全发送农特产品。（4）建有完善的电子商务园区，实现了电子商务完整产业链的资源集聚，形成效应。

参考文献

[1] 张丹凤 . SD 农信电子商务平台营销策略研究 [D]. 济南：山东大学 , 2020.

[2] 朱庆磊 . 一曲为人民幸福的奋斗之歌 [N]. 淮南日报 , 2021-04-07.

[3] 刘立庄 . 江苏省 S 县电子商务政府扶持对策研究 [D]. 大连：大连海事大学 , 2020.

[4] 李良凯 . 乡村振兴战略背景下农村文化扶贫路径研究 [D]. 大庆：东北石油大学 , 2020.

[5] 程晓丽 . 乡村振兴战略背景下黄山市民宿旅游发展现状与路径 [J]. 池州学院学报 , 2020 (12)：67-70.

[6] 李丽娜 . 论乡村振兴战略下农村文化产业的发展 [J]. 农业考古 , 2020(12): 255-258.

[7] 徐绍峰 . 农村电商在帮助农民增收方面大有可为 [N]. 金融时报 , 2021-02-18.

[8] 许远旺 . 党建引领乡村振兴的政治逻辑与路径选择 [J]. 江苏海洋大学学报（人文社会科学版）, 2021(01): 122-130.

[9] 苏馨 . 城市物流配送环境下 UAV 多目标配送优化策略研究 [D]. 沈阳：沈阳航空航天大学 , 2020.

[10] 李夏静 . 宿迁市"淘宝村"电子商务发展中的政府职能研究 [D]. 徐州：中国矿业大学 , 2018.

[11] 李慧 . 互联网 + 农业：让农产品"出村"让信息"进村" [N]. 光明日报 , 2018-07-03.

[12] 温靖 . 农业农村部副部长屈冬玉：依托"互联网 +"信息进村入户工程，深入实施乡村振兴战略 [J]. 农业工程技术 , 2018(07): 9-14.

[13] 宗合 . "互联网 + 农业"取得初步成效 [N]. 中华合作时报 , 2018-07-17.

[14] 思雨 . 深入推进"互联网 + 农业"促进农村一二三产业融合发展——国新办就农村一二三产业融合发展举行记者会 [J]. 中国食品 , 2018(07): 150-155.

[15] 丁媛媛 . 雄安新区县域电子商务发展特征及区域效应 [D]. 石家庄：河北师范大学 , 2020.

[16] 韩彩霞 . 城乡融合视野下山西乡村旅游发展路径研究 [J]. 齐齐哈尔师范高等专科学校学报 , 2020(11): 92-94.

[17] 潘梦婷 . 襄阳市农产品冷链物流设施初探及发展建议 [J]. 农村经济与科技 , 2020(07): 166-167.

[18] 陈颖 . 基于共同配送的徐州丰县"县—乡—村"三级物流体系构建研究 [D]. 徐州：中国矿业大学 , 2020.

[19] 陈松等 . 我国农产品质量安全追溯现状与问题分析 [J]. 农产品质量与安全 , 2011(02): 54-56.

[20] 王健等 . 区域物流发展的影响因素研究——基于福建省的实证分析 [J]. 华东经济管理 , 2014(03): 22-27.

[21] 庄武 . 农产品质量与安全的影响因素及监管措施研究 [J]. 农业科技与装备 , 2021(01): 79-80.

[22] 汤昌根 . 借"网"培育新动能 [N]. 芜湖日报 , 2021-03-22.

[23] 赵艳丽等 . 玉溪市一二三产融合发展现状与对策建议 [J]. 云南农业 , 2019(11): 33-36.

[24] 罗小舟 . 云营销时代农产品直播营销的思考 [J]. 经济研究导刊 , 2020(07): 44-45.

[25] 丁慧鸽 . 农村直播电商发展中存在的问题及对策分析 [J]. 现代营销 (经营版), 2020(05): 166-169.

[26] 周长青 . 中国县域电子商务的八大模式 [J]. 中国乡村发现 , 2016(02): 125-128.

[27] 王艳 . 农产品电子商务发展创新模式 [J]. 农业工程 , 2020(08): 125-128.

[28] 刘一丰等 . 遂昌县农业应急指挥系统建设与思考 [J]. 农村经济与科技 , 2018(03): 213-214.

[29] 保山市商务局 . 甘肃省成县立足特色 拓宽渠道 推动电商与精准扶贫深度融合发展 [N]. 保山日报 , 2019-12-05.

[30] 石晶 . 决胜脱贫攻坚，迈向更高质量全面小康——田东的经验与启示 [J]. 人民论坛 , 2020(12): 106-109.